Études bibliques pour enfants
MATTHIEU

© 2011 Nazarene Publishing House

ISBN 978-1-56344-722-8

Directrice, Ministères auprès des enfants international: Leslie M. Hart
Editeur, version anglais : Kimberly D. Adams
Directeur, programme Quiz biblique pour enfants : Allison Southerland
Comité editorial : Dan Harris, Nate Owens, Beula Postlewait
Couvverture: Greg White

Publié originalement en anglais sous le titre :
    Children's Bible Studies in 1 and 2 Samuel
    Copyright © 2010
    Published by Beacon Hill Press of Kansas City
    A Division of Nazarene Publishing House
    This edition published by arrangement with Nazarene Publishing House, Kansas City, Missouri USA

Publications Priorité Enfants
17001 Prairie Star Parkway
Lenexa, KS 66220 (USA)
En collaboration avec les Ministères auprès des enfants international y Global Nazarene Publications.

Sauf indications contraires, les citations biblique dans cette publication renvoient de la Bible du Semeur, Copyright 1999 Biblica. Tous droits réservés. Utilisé avec permission.

Les versets à retiner renvoient a la version Louis Segond.

La première concours de quiz biblique pour enfants, créé par le révérend William Young, a été présenté à l'assemblée de 1968 pour le Nazarene Young People's Society Convention (actuellement la JNI) à Kansas City, Missouri (USA). Il y avait trois équipes de démonstration du district de Kansas City: Kansas City First, Kansas City Saint-Paul, et Overland Park.

BIENVENUE !

Bienvenue aux *Études bibliques pour enfants : Matthieu* où les citations sont prises de la *Bible du semeur* pour les études bibliques et Louis Second pour les versets à retenir. Avec ce recueil des études bibliques, les enfants apprennent au sujet de la sainteté de Dieu et sa fidélité à son peuple, même quand ils font des mauvais choix.

Études bibliques pour enfants : Matthieu est l'un de six livres dans la série, *Études bibliques pour enfants.* Ces études aident les enfants à comprendre la chronologie biblique aussi bien que la signification des événements bibliques. Alors que les enfants apprennent au sujet des vies des personnes dans ces études, ils découvrent l'amour de Dieu pour toutes les personnes et leur place dans son plan. Dieu utilise quelquefois des miracles pour achever ses buts. Il travaille souvent à travers les personnes pour accomplir ce qu'il veut faire.

La philosophie des *Études bibliques pour enfants* est de les aider à comprendre ce que la Bible dit, apprendre comment Dieu a aidé les personnes, et connaître Dieu à travers une relation personnelle avec lui. Le tout s'accomplit en étudiant la Bible, en apprenant des versets à retenir et en appliquant des enseignants bibliques dans leurs vies quotidiennes.

LES LIVRES

Ci-dessous se trouvent des descriptions courtes des livres en série, et comment ils se rapportent l'un à l'autre.

Genèse pourvoit la fondation. Ce livre raconte que Dieu a créé le monde du néant, a formé l'homme et la femme, et a créé un beau jardin pour eux. Ces personnes ont péché et ils ont subi les conséquences de leur péché. Genèse introduit le projet de Dieu pour réconcilier la relation brisée entre lui et les personnes. Il introduit Adam, Ève, Noé, Abraham, Isaac, et Jacob. Dieu a fait alliance avec Abraham (Genèse 15) et l'a renouvelée avec Isaac et Jacob. Genèse se termine par l'histoire de Joseph qui a sauvé la civilisation de la famine. La famine a forcé le peuple de Dieu d'aller en Égypte.

Exode raconte comment Dieu a continué à garder sa promesse à Abraham dans Genèse 15. Il a libéré les Israélites de l'esclavage en Egypte. L'Eternel a choisit Moïse pour les guider. Le Seigneur a établi sa royauté sur eux. Il les a dirigés et gouvernés à travers l'établissement du sacerdoce et le tabernacle, les dix commandements et autres lois, les prophètes ainsi que les juges. A la fin d'Exode, seulement une partie de l'alliance du Seigneur avec Abraham est achevée.

Josué/Juges/Ruth racontent que Dieu a achevé son alliance qui a commencé en Genèse 15. Enfin, les Israélites ont envahi et se sont installés dans le pays que Dieu avait promis à Abraham. Les prophètes, les prêtres, la loi et les rites d'adoration ont tous déclaré que Dieu était le Seigneur et Roi des Israélites. Les 12 tribus d'Israël se sont installées dans la terre promise. Cette étude met l'accent sur les trois juges suivants : Déborah, Gédéon et Samson.

Dans **1 et 2 Samuel**, les Israélites ont voulu un roi parce que les autres nations avaient des rois. Ces livres racontent les histoires de Samuel, Saül et David. Jérusalem est devenu le centre uni de la nation d'Israël. Cette étude montre comment les personnes réagissent différemment quand elles sont confrontées avec leurs péchés. Tandis que Saül a blâmé les autres ou bien a trouvé des excuses, David a admis son péché et a demandé pardon à Dieu.

Matthieu est le point focal de toute la série. Il se concentre sur la naissance, la vie et le ministère de Jésus. Tous les livres précédents de la série ont indiqué que Jésus est le Fils de Dieu et le Messie. Jésus a inauguré une nouvelle ère. Les enfants apprennent à propos de cette nouvelle ère dans plusieurs événements : ses enseignements, sa mort, sa résurrection et son encadrement avec ses disciples. A travers Jésus, Dieu a fourni une nouvelle manière pour les personnes d'avoir une relation avec lui.

Au début du livre d'**Actes**, Jésus est monté au ciel et Dieu a envoyé le Saint-Esprit pour aider l'église. La bonne nouvelle du salut par Jésus-Christ s'est répandue à plusieurs régions du monde. Les croyants ont prêché l'Evangile aux païens et l'œuvre missionnaire a commencé. Le message de l'amour de Dieu a transformé les juifs aussi bien que les païens. Il y a un rapport direct entre les efforts d'évangélisation de Paul et Pierre et les vies des personnes d'aujourd'hui.

LE CYCLE

Le cycle d'étude suivant est suggéré en particulier pour ceux qui prendront part aux concours facultatifs sur les *Études bibliques pour enfants*.

Matthieu (2011-12)
* Actes (2012-13)
Genèse (2013-14)
Exode (2014-15)
Josué/Juges/Ruth (2015-16)
* 1 et 2 Samuel (2016-17)
Matthieu (2017-18)

* Veut dire une année où il y aura un concours mondial.

LE PROGRAMME

Études bibliques pour enfants comprend vingt études. Prévoyez 1 à 2 heures pour chaque étude. Le programme suivant est une suggestion pour chaque étude.

- 15 minutes pour l'activité
- 30 minutes pour la leçon biblique
- 15 minutes pour Le verset à retenir
- 30 minutes pour les activités supplémentaires (facultatives)
- 30 minutes pour la pratique du concours biblique (facultatives)

PRÉPARER

Une préparation minutieuse de chaque étude est importante. Les enfants sont plus attentifs et comprennent mieux l'étude si l'enseignant(e) la prépare bien et la présente bien. Les **caractères gras** de chaque étude indiquent les paroles suggérées pour l'enseignant(e) aux enfants. Les étapes suivantes conseillent l'enseignant(e) alors qu'il ou elle se prépare pour chaque étude.

Etape 1 : La vue d'ensemble. Lisez le verset à retenir, la vérité biblique, Le cœur de l'étude et le conseil pédagogique.

Etape 2 : Le passage biblique et le commentaire biblique. Lisez les versets du passage biblique de l'étude et l'information du commentaire biblique, y compris les paroles de notre foi, les personnes, les lieux ou les choses.

Etape 3 : L'activité. Cette section comprend un jeu ou une autre activité pour préparer les enfants pour la leçon biblique. Familiarisez-vous avec l'activité, les instructions et les fournitures. Apportez avec vous toutes les fournitures nécessaires à la classe. Mettez-en place l'activité avant l'arrivée des enfants.

Etape 4 : La leçon biblique. Révisez la leçon et apprenez-la bien afin que vous puissiez la raconter comme une histoire. Les enfants veulent que l'enseignant(e) raconte l'histoire au lieu de la lire. Employez les paroles de notre foi, les personnes, les lieux et les choses de chaque leçon pour fournir les informations supplémentaires pendant que vous racontez l'histoire. Après l'histoire, servez-vous des questions disponibles. Elles aideront les enfants à comprendre l'histoire et à la mettre en pratique dans leurs vies.

Etape 5 : Le verset à retenir. Apprenez Le verset à retenir afin que vous puissiez l'enseigner aux enfants. Une liste des versets à retenir ainsi que des activités suggérées pour les répéter se trouvent aux pages 137 et 138. Choisissez parmi des options les activités pour aider les enfants à apprendre Le verset à retenir. Familiarisez-vous avec l'activité que vous avez choisie. Lisez les instructions et préparez les fournitures. Apportez avec vous toutes les fournitures nécessaires à la classe.

Etape 6. Les activités supplémentaires. Les activités supplémentaires sont facultatives. Elles amélioreront l'étude biblique des enfants. Beaucoup de ces activités nécessitent des fournitures, des ressources et du temps supplémentaires. Familiarisez-vous avec les activités que vous choisissez. Lisez les instructions et préparez les fournitures. Apportez avec vous toutes les fournitures nécessaires à la classe.

Etape 7 : La pratique du concours biblique. Le concours biblique est la partie compétitive des *Études bibliques pour enfants*. Il est facultatif. Si vous choisissez d'y participer, passez du temps à préparer les enfants. Il y a des questions pratiques pour chaque étude. Les dix premières questions sont données à ceux qui ont un niveau de base pour le concours. Il y a trois réponses possibles pour chaque question et ces questions sont simples. Les dix prochaines questions sont destinées à ceux qui ont un niveau avancé pour le concours. Il y a quatre réponses possibles pour chaque question et ces questions sont plus complètes. Les enfants, conseillés par l'enseignant(e), choisissent leurs niveaux pour le concours. Selon le nombre d'enfants et les ressources disponibles, vous pouvez choisir d'offrir seulement le niveau de base ou le niveau avancé. Avant que vous demandiez les questions à choix multiples, lisez le passage biblique aux enfants.

LE CONCOURS BIBLIQUE POUR ENFANTS

Le concours biblique pour enfants est une partie facultative des *Études bibliques pour enfants*. Chaque église et chaque enfant décident s'ils participeront à la série des événements compétitifs.

Les événements du concours biblique suivent les règles ci-dessous. Les enfants n'ont pas à se mettre les uns contre les autres pour déterminer un seul gagnant. Les églises ne se mettent pas les unes contres les autres pour déterminer un gagnant.

L'objectif du concours biblique est d'aider les enfants à reconnaître ce qu'ils ont appris au sujet de la Bible, d'apprécier les événements compétitifs et de grandir dans la capacité de démontrer des attitudes et conduites chrétiennes durant les événements.

Dans le programme du concours biblique, chaque enfant s'impose un défi d'atteindre un niveau de récompense. Avec cette approche, les enfants sont interrogés pour obtenir une base de connaissances et non pas se trouver les uns contre les autres. Le concours biblique utilise des questionnaires à choix multiples permettant à chaque enfant de répondre à chaque question. Le questionnaire à choix multiples offre plusieurs réponses et l'enfant choisit la bonne réponse. Ainsi, c'est possible pour tout enfant de gagner.

LES FOURNITURES DU CONCOURS BIBLIQUE

Chaque enfant a besoin de chiffres pour le concours biblique afin de répondre aux questions. Ces chiffres sont des carrés en carton avec des onglets au sommet avec les numéros 1, 2, 3 et 4 respectivement. Les chiffres sont mis à l'intérieur d'une boîte en carton.

Les chiffres et boîtes en carton, illustrés ici, sont disponibles sur commande à partir de la Maison des Publications Nazaréennes à Kansas City dans l'état du Missouri aux Etats-Unis.

Si les boîtes en carton et les chiffres pour le concours biblique ne sont pas disponibles dans votre région, vous pouvez faire vos propres chiffres en papier, en assiettes en papier, en bois, ou ce que vous avez en réserve. Chaque enfant a besoin d'un ensemble de chiffres pour le concours biblique.

Chaque groupe d'enfants aura besoin d'une personne pour inscrire leurs réponses. Il y a une feuille de pointage à la page 141. Servez-vous de cette feuille pour noter les réponses de chaque enfant.

Si possible, offrez une récompense pour l'accomplissement des enfants à chaque épreuve du concours biblique. Les prix suggérés sont : des certificats, autocollants, rubans, trophées et médailles.

Les règles et procédés officiels des concours bibliques pour enfants

Veuillez suivre ces règles. Les enfants qui ne les suivent pas ne seront pas admis à d'autres niveaux de compétition.

LES ÂGES ET CATÉGORIES

Les enfants de six à douze ans peuvent participer au concours biblique. (Pour les pays autres que les Etats-Unis, les classes élémentaires sont du cours préparatoire jusqu'au cours moyen deux, ce qui inclut généralement les âges de six à douze ans.)

LE CONCOURS BIBLIQUE AU NIVEAU DE BASE

Ce niveau de concours est destiné aux concurrents jeunes ou débutants. Les concurrents plus âgés qui préfèrent un concours plus facile peuvent également prendre part au niveau de base. Les questions à ce niveau-là sont simples. Il y a trois réponses pour chaque question et il y a quinze questions dans chaque manche. Le responsable du district ou de la région du concours biblique pour enfants détermine les questions et le nombre de manches à chaque concours. La plupart des compétitions du concours biblique ont deux ou trois manches.

LE CONCOURS BIBLIQUE AU NIVEAU AVANCÉ

Ce niveau de concours est destiné aux concurrents plus âgés ou expérimentés. Les concurrents plus jeunes qui préfèrent un concours plus difficile peuvent également prendre part au niveau avancé. Les questions à ce niveau-là sont plus complètes. Il y a quatre réponses pour chaque question et il y a vingt questions dans chaque manche. Le responsable du district ou de la région du concours biblique pour enfants détermine les questions et le nombre de manches à chaque événement.

CHANGEMENT DE NIVEAU

Les enfants peuvent changer du niveau de base au niveau avancé seulement pour les concours bibliques sur invitation. De ce fait, cela aide les dirigeants et les enfants à déterminer le meilleur niveau pour chaque enfant.

Pour le concours de zone/secteur, de district et de région, le dirigeant local doit inscrire les enfants soit pour le niveau de base ou soit pour le niveau avancé. L'enfant doit participer au même niveau pour les concours de zone/secteur, de district et de région.

LES TYPES DE CONCOURS

Le concours biblique sur invitation

Un concours biblique sur invitation implique deux ou plus églises locales. Les dirigeants du concours biblique au niveau local, de zone ou de district, peuvent organiser le concours biblique sur invitation. Ceux qui organisent un tel concours sont chargés de préparer les questions pour ledit concours.

Le concours biblique de zone/secteur

Chaque district peut avoir des regroupements d'églises qui sont appelés des « zones ». Si une zone a plus de concurrents qu'une autre zone pour le concours biblique, le dirigeant du district peut séparer ou unir les zones afin de créer des secteurs avec une distribution plus équitable des concurrents. Le mot « secteur » veut dire que les zones sont unies ou séparées.

Les églises qui se situent dans chaque zone ou secteur prennent part au concours de zone ou de secteur. Le dirigeant du district organise le concours.

Les questions pour les concours de zone/secteur sont des questions officielles. Contactez *ChildQuiz@nazarene.org* pour demander ces questions du Bureau général des concours bibliques pour enfants.

Le concours biblique de district

Les enfants avancent du concours de zone/secteur au concours de district. Le dirigeant du district du concours biblique détermine les critères du concours et l'organise.

Les questions pour le concours de district sont des questions officielles. Envoyez un courrier électronique à *ChildQuiz@nazarene.org* pour demander ces questions du Bureau général des concours bibliques pour enfants.

Le concours biblique de région

Le concours de région est un concours impliquant deux districts ou plus.

Quand il y a un dirigeant de la région du concours biblique, il ou elle détermine les critères du concours et l'organise. S'il n'y a pas un tel dirigeant de la région, les dirigeants des districts impliqués l'organisent.

Les questions pour le concours de région sont des questions officielles. Envoyez un courrier électronique à *ChildQuiz@nazarene.org* pour demander ces questions du Bureau général des concours bibliques pour enfants.

Le concours biblique mondial

Toutes les quatre années, un concours biblique mondial est organisé par la commission des Ministères auprès des enfants internationaux (MAEI). La commission des MAEI fixe les dates, les lieux, les coûts, les dates de qualification et le procédé de qualification pour tout concours biblique mondial.

LE DIRIGEANT DU DISTRICT DU CONCOURS BIBLIQUE

Le dirigeant du district du concours biblique gère tous les concours selon « Les règles et procédés officiels des concours bibliques pour enfants ». Il ou elle est autorisé(e) à introduire des procédés supplémentaires pour le concours biblique dans son district, pourvu qu'ils ne soient pas en désaccord avec les règles et procédés. Le dirigeant du district contacte le Bureau général des concours bibliques pour enfants provenant de la commission des Ministères auprès des enfants internationaux (MAEI), s'il y a lieu, pour demander un changement particulier dans « Les règles et procédés officiels des concours bibliques pour enfants » pour son district. Le dirigeant du district du concours biblique prend des décisions pour résoudre les problèmes selon les lignes de conduite des règles et procédés. Il ou elle contacte le Bureau général des concours bibliques pour enfants pour une décision officielle sur une question particulière, si besoin en est.

LE DIRIGEANT DE LA RÉGION DU CONCOURS BIBLIQUE

Le dirigeant de la région du concours biblique forme une équipe régionale pour les concours bibliques pour enfants, y compris tout dirigeant de concours bibliques des districts de sa région. Celui-ci reste en contact avec cette équipe pour assurer que les procédés soient uniformes dans la région. Il ou elle gère et organise les concours régionaux selon « Les règles et procédés officiels des concours bibliques pour enfants ». Il ou elle contacte le Bureau général des concours bibliques pour enfants provenant de la commission des ministères auprès des enfants internationaux (MAEI), s'il y a lieu, pour demander un changement particulier dans « Les règles et procédés officiels des concours bibliques pour enfants » pour sa région. Il ou elle résout tout conflit qui survient selon les lignes de conduite des règles et procédés. Il ou elle contacte le Bureau général des concours bibliques pour enfants pour une décision officielle sur une question particulière, si besoin en est. Il ou elle contacte le Bureau général des concours bibliques pour enfants afin que le date du concours régional soit notée sur le calendrier de l'église générale.

Aux Etats-Unis et au Canada, le dirigeant de la région du concours biblique a un rôle en voie de développement. Présentement, celui-ci ne préside pas les dirigeants des concours bibliques des districts sur la région.

LE MENEUR DE JEU

Le meneur de jeu lit les questions du concours biblique. Celui-ci lit la question et les réponses à choix multiples deux fois avant que les enfants répondent à la question. Il ou elle suit « Les règles et procédés officiels des concours bibliques pour enfants » établis par le Bureau général des concours bibliques pour enfants et le dirigeant du district ou de la région du concours biblique. En cas de conflit, l'autorité définitive reste chez le dirigeant du district ou de la région du concours biblique qui consulte les règles et procédés. Le meneur de jeu peut discuter avec les compteurs de points et le dirigeant du district ou de la région concernant une objection. Le meneur de jeu peut annoncer un temps mort.

LE COMPTEUR DE POINTS

Le compteur de points note les réponses d'un groupe d'enfants. Il ou elle peut discuter avec d'autres compteurs de points et le dirigeant du district ou de la région du concours biblique concernant une objection. Tous les compteurs de points doivent utiliser la même méthode et les mêmes symboles pour assurer une synthèse correcte des points.

LES QUESTIONS OFFICIELLES DU CONCOURS

Le dirigeant du district du concours biblique est la seule personne de chaque district qui peut obtenir une copie des questions officielles des concours de zone/secteur et de district.

Le dirigeant de la région du concours biblique est la seule personne de la région qui peut obtenir une copie des questions officielles des concours régionaux. S'il n'y a pas un dirigeant de la région, un seul dirigeant de district impliqué peut les obtenir.

Les formulaires de commande pour les questions officielles seront envoyés par courrier électronique chaque année. Contactez le Bureau général des concours bibliques pour enfants à *ChildQuiz@nazarene.org* pour mettre à jour votre adresse électronique. Ceux qui demandent les questions officielles les recevront par courrier électronique.

LES MÉTHODES DU CONCOURS

Il y a deux méthodes de concours.

La méthode individuelle

Avec la méthode individuelle de concours, les enfants sont en compétition en tant qu'individus. Le score de chaque enfant est indépendant. Les enfants d'une église peuvent s'asseoir ensemble, mais les scores des enfants ne sont pas additionnés pour trouver un score d'église ou d'équipe. Il n'y a pas de questions bonus pour les concurrents.

La méthode individuelle est la seule méthode qui peut être utilisée dans le concours au niveau de base.

La méthode combinée

La méthode combinée s'agit des individus aussi bien que des équipes. Avec cette méthode, les églises peuvent envoyer des concurrents individuels, des équipes ou une combinaison des deux pour le concours.

Le dirigeant du district du concours biblique détermine le nombre d'enfants qu'il faut pour former une équipe. Toute équipe doit avoir le même nombre de concurrents. Le nombre recommandé est de quatre ou cinq.

Les enfants venant des églises avec un nombre insuffisant de concurrents pour former une équipe peuvent participer en tant qu'individus.

Avec la méthode combinée, les équipes ont droit aux questions bonus. Les points gagnés pour les bonnes réponses aux questions bonus sont ajoutés au score total de l'équipe, au lieu d'un score individuel. Il y a des questions bonus avec les questions officielles pour les concours de zone/secteur, de district, et de région. Normalement les questions bonus demandent qu'on récite un verset à retenir.

Le dirigeant du district du concours biblique choisit la méthode individuelle ou la méthode combinée pour le niveau avancé du concours.

LES MATCHS NULS

On ne met jamais fin aux matchs nuls, ni entre concurrents individuels ni entre équipes. Tout concurrent individuel ou équipe avec un match nul gagne la même reconnaissance, le même prix et le même droit de jouer au prochain niveau du concours.

LES QUESTIONS BONUS

Les questions bonus sont employées au niveau supérieur, mais seulement avec les équipes, jamais avec les concurrents individuels. Les équipes doivent gagner le droit à la question bonus. Les questions bonus se produisent après les questions 5, 10, 15 et 20.

Afin de gagner le droit à la question bonus, une équipe ne peut pas avoir plus de réponses incorrectes que le nombre de membres de l'équipe. Par exemple, une équipe de quatre membres peut avoir quatre réponses incorrectes ou moins. Une équipe de cinq membres peut avoir cinq réponses incorrectes ou moins.

Les points bonus gagnés pour une bonne réponse sont ajoutés au score total de l'équipe, et non le score d'un concurrent individuel.

Le dirigeant de district du concours biblique détermine comment les enfants répondent aux questions bonus. Normalement l'enfant donne verbalement la réponse au compteur de points.

Avant la lecture de la question bonus, le dirigeant local du concours biblique choisit un membre de l'équipe pour répondre à la question bonus. Le même enfant peut répondre à toute question bonus au concours, ou bien un autre enfant peut répondre à chaque question bonus.

LES TEMPS MORTS

Le dirigeant du district du concours biblique détermine le nombre de temps morts pour chaque église. Chaque église reçoit le même nombre de temps morts, peu importe le nombre de concurrents individuels ou d'équipes de cette église. Par exemple, si le dirigeant du district décide de donner un temps mort, chaque église reçoit un seul temps mort.

Le dirigeant du district du concours biblique détermine si et quand un temps mort obligatoire se produira pendant le concours.

Le dirigeant local du concours biblique est la seule personne qui peut annoncer un temps mort pour une équipe de l'église locale.

Le dirigeant du district du concours biblique ou le meneur de jeu peut annoncer un temps mort à tout moment.

Le dirigeant du district du concours biblique, avant le début du concours, détermine la durée des temps morts pour le concours. Tout temps mort sera d'une durée égale.

LA NOTATION

Il y a deux méthodes de notation. Le dirigeant du district du concours biblique choisit la méthode.

Cinq points

- Décernez cinq points pour toute bonne réponse. Par exemple, si un enfant répond sans faute à vingt questions pendant une manche au niveau avancé, il ou elle gagne 100 points.

- Décernez cinq points pour toute bonne réponse bonus pendant une manche au niveau avancé avec équipes. Par exemple, si tout membre d'une équipe de quatre personnes répond sans faute à vingt questions pendant une manche au niveau avancé et l'équipe répond sans faute à quatre questions bonus, l'équipe gagne 420 points.

Les points au niveau de base sont moins élevés, comme il n'y a que quinze questions par manche, et il s'agit de la méthode individuelle seulement.

Un point

- Décernez un point pour toute bonne réponse. Par exemple, si un enfant répond à vingt questions correctement pendant une manche au niveau avancé, il ou elle gagne vingt points.

- Décernez un point pour toute bonne réponse bonus pendant une manche au niveau avancé avec équipes. Par exemple, si tout membre d'une équipe de quatre personnes répond correctement à vingt questions pendant une manche au niveau avancé et l'équipe répond correctement à quatre questions bonus, l'équipe gagne quatre-vingt-quatre points.

Les points au niveau de base sont moins élevés, comme il n'y a que quinze questions par manche, et il s'agit de la méthode individuelle seulement.

LES OBJECTIONS

Les objections doivent être l'exception, et se font rarement pendant un concours.

Faites une objection seulement si la réponse notée comme correcte dans les questions soit en fait incorrecte selon la référence biblique de cette question. Les objections faites pour toute autre raison sont nulles.

Aucun concurrent, aucun dirigeant du concours biblique, ou autre participant au concours ne peut faire une objection parce qu'il n'aime pas la formulation d'une question ou d'une réponse, ou parce qu'il pense qu'une question est trop difficile ou pas assez claire.

Le dirigeant local du concours biblique est la seule personne qui peut faire une objection à une question du concours.

Si quelqu'un, autre que le dirigeant local du concours biblique, essaie de faire une objection, ladite objection est immédiatement déclarée nulle.

Les personnes qui font des objections nulles perturbent le concours et provoquent la distraction parmi les enfants. Les personnes qui continuent à faire des objections nulles ou qui causent des problèmes refusant les décisions aux objections perdront le privilège de faire des objections pour la durée du concours.

Le dirigeant du district du concours biblique, ou le meneur de jeu en l'absence du dirigeant, est autorisé d'enlever le privilège de faire les objections de toute personne qui abuse le privilège.

Le dirigeant du district du concours biblique détermine comment faire une objection à une question avant le début du concours.

- L'objection sera faite à l'écrit ou à l'orale ?
- A quel moment peut-on faire une objection (pendant une manche ou à la fin) ?

Le dirigeant du district du concours biblique doit expliquer aux dirigeants locaux le procédé pour faire une objection au début de l'année du concours biblique.

Le meneur de jeu et le dirigeant du district du concours biblique suivent ces étapes pour juger les objections :

- Déterminez si l'objection est fondée ou non. Pour le faire, écouter la raison de l'objection. Si la raison est bonne, c'est-a-dire la réponse notée comme correcte est en fait incorrecte selon la référence biblique, suivez le procédé d'objection indiqué par le district.
- Si la raison pour l'objection n'est pas bonne, annoncez ce fait, et le concours continue.

Si plus qu'une personne fait une objection à la même question, le meneur de jeu ou le dirigeant du district sélectionne un dirigeant local pour expliquer la raison de l'objection. Après qu'une objection sur une question soit faite, personne ne peut faire une autre objection à la même question.

Si l'objection est fondée, le dirigeant du district du concours biblique, ou le meneur de jeu en l'absence de ce dernier, détermine comment faire face à la question protestée. Sélectionnez une des options suivantes :

Option A : Eliminer la question protestée sans la remplacer. Ainsi une manche de vingt questions devient une manche de dix-neuf questions.

Option B : Donner à chaque enfant les points qu'il ou elle recevrait pour une bonne réponse à la question protestée.

Option C : Remplacer la question protestée. Poser aux concurrents une autre question.

Option D : Les enfants qui ont donné la réponse notée comme correcte dans les questions officielles sont permis de garder leurs points. Poser une autre question aux enfants qui ont donné une réponse incorrecte.

LES NIVEAUX DE PRIX

L'esprit du concours biblique pour enfants est que chaque enfant a l'occasion de répondre à toute question, et que chaque enfant gagne une reconnaissance pour toute bonne réponse donnée. Donc, le concours biblique pour enfants implique un concours à choix multiples, et on ne met jamais fin aux matchs nuls.

Les enfants et les églises ne font pas concurrence les uns avec les autres. Ils font concurrence pour obtenir un niveau de prix. Tout enfant et toute église qui atteignent le même niveau de prix reçoivent le même prix. On ne met jamais fin aux matchs nuls.

Les niveaux de prix conseillés :

- Prix de bronze = 70-79% des réponses correctes
- Prix d'argent = 80-89% des réponses correctes
- Prix d'or = 90-99% des réponses correctes
- Prix d'or cinq étoiles = 100% des réponses correctes

Trouvez une solution pour toutes les questions et objections avant la présentation des prix. Le meneur de jeu et les compteurs de points doivent s'assurer que tous les scores sont exacts avant la remise des prix.

Ne jamais enlever un prix d'un enfant après qu'il ou elle l'a reçu. S'il y a une erreur, un enfant peut recevoir un prix plus élevé mais jamais un prix plus bas. Cette règle est en vigueur pour les prix individuels ainsi que pour les prix d'équipes.

L'ÉTHIQUE DU CONCOURS

Le dirigeant du district du concours biblique est celui qui est chargé de gérer les concours selon « Les règles et procédés officiels des concours bibliques pour enfants ».

1. **Auditionnez les questions avant le concours.** Bien que les concours emploient les mêmes questions, il n'est pas correct que les enfants ou les aides assistent à un autre concours de zone/secteur, de district ou de région avant de participer à leur propre concours du même niveau. Si un aide assiste à un autre concours, le dirigeant du district du concours biblique peut interdire à l'église de participer à leur concours. Si un parent ou un enfant assiste à un autre concours, le dirigeant du district du concours biblique peut interdire à l'église de participer à leur concours.

2. **La conduite et les attitudes des aides.** Les adultes doivent se conduire d'une manière professionnelle et chrétienne. Les discussions entre désaccords entre le dirigeant du district du concours biblique, le meneur de jeu ou les compteurs de points doivent être faites en privé. Les aides du concours biblique ne doivent pas révéler d'informations à propos des désaccords avec les enfants. Un esprit de coopération et le sens du fair-play sont importants. Les décisions et les jugements du dirigeant du district du concours biblique sont définitifs. Transmettez ces décisions aux enfants et aux adultes avec un ton positif.

TRICHER

La triche est une fraude. Traitez-la sérieusement.

Le dirigeant du district du concours biblique, en accord avec la commission des Ministères auprès des enfants, détermine la politique à suivre dans le cas où un enfant ou un adulte triche pendant un concours.

Assurez-vous que tout dirigeant local des ministères auprès des enfants, tout pasteur d'enfants et tout dirigeant local du concours biblique reçoive le politique et le procédé du district.

Avant d'accuser un adulte ou un enfant de tricher, obtenez des preuves ou un témoin qu'une triche est survenue.

Assurez-vous que le concours ne soit pas interrompu, et que la personne accusée ne soit pas embarrassée devant les autres.

Voici un procédé à titre d'exemple :

- Si vous soupçonnez qu'un enfant a triché, demandez à quelqu'un de le ou la surveiller, mais ne signaler pas à l'enfant qu'il ou elle est suspect. Après quelques questions, demandez à celui qui a fait la surveillance son opinion. Si rien n'a été vu, continuez avec le concours.

- Si celui qui a fait la surveillance a vu un enfant tricher, demandez qu'il ou elle l'affirme. N'agissez pas avant que tout le monde soit sûr.
- Expliquez le problème au dirigeant local du concours biblique afin qu'il puisse parler en privé avec la personne accusée.
- Le meneur de jeu, celui qui a surveillé et le dirigeant local du concours biblique doivent continuer à voir si la triche continue.
- Si la triche continue, le meneur de jeu et le dirigeant local du concours biblique doivent parler en privé avec la personne accusée.
- Si la triche persiste, le meneur de jeu doit dire au dirigeant local du concours biblique que le score de l'enfant sera éliminé de la compétition officielle.
- Au cas où un compteur de points ait triché, le dirigeant du district du concours biblique lui demandera de céder sa place. Un nouveau compteur de points le remplacera.
- Au cas où un membre du public ait triché, le dirigeant du district du concours biblique fera face à la situation d'une manière aussi appropriée que possible.

LES DÉCISIONS NON RÉSOLUES

Consultez le Bureau général des concours bibliques pour enfants à propos des décisions non résolues.

Étude 1

Matthieu 1.18-2.23

LE VERSET À RETENIR
Elle enfantera un fils, et tu lui donneras le nom de Jésus ; c'est lui qui sauvera son peuple de ses péchés.
(Matthieu 1.21)

LA VÉRITÉ BIBLIQUE
Jésus est Dieu le Fils, le sauveur que Dieu nous a promis.

LE CŒUR DE L'ÉTUDE
Dans cette étude, les enfants apprendront que Dieu tient ses promesses.

LE CONSEIL PÉDAGOGIQUE
En menant l'étude biblique, rappelez aux étudiants que Jésus est le fils de Dieu. Il est pleinement Dieu et pleinement humain. Dans cette étude, une vierge est une femme célibataire.

LE COMMENTAIRE BIBLIQUE

À de nombreuses reprises dans l'Ancien Testament, Dieu demande à son peuple de se rappeler ce qu'il leur a enseigné et ce qu'il a fait pour eux. Dieu a voulu que ce qu'ils ont appris de l'histoire de leurs interactions avec lui guide leur vie. Le peuple apprit que Dieu est cohérent, à la fois dans ses actions et dans son caractère.

Si un prophète se déclarait envoyer par Dieu mais que le message du prophète n'était pas en accord avec ce qu'ils avaient appris de Dieu, ce prophète était faux. Par conséquent, il était très important pour Matthieu de dire à la communauté judéo-chrétienne que Jésus accomplissait les prophéties de l'Ancien testament. Jésus était le Messie promis et sa mission était une continuation du plan de Dieu.

Mais que signifie le fait que Jésus a accompli ces prophéties ? Le fait que la vie de Jésus a suivi la même direction que les événements précédents de l'histoire du salut (comme l'exode) était une preuve remarquable que Dieu a été personnellement impliqué.

LES CARACTÉRISTIQUES DE DIEU

- Dieu a envoyé son fils, Jésus, pour nous sauver de nos péchés.
- Dieu tient ses promesses.

LES PAROLES DE NOTRE FOI

Le Saint-Esprit est l'esprit de Dieu.

Jésus est le fils unique de Dieu, le sauveur du monde. Jésus est pleinement Dieu et pleinement humain.

Les mages étaient des sages d'Orient qui sont venus rendre visite à Jésus.

- **Le roi Hérode** était roi de Judée au temps de la naissance de Jésus.
- **Un prophète** est quelqu'un que Dieu a choisi pour recevoir et transmettre des messages particuliers de Dieu.
- **Bethléem** est la ville où la naissance de Jésus a eu lieu.
- **Jérusalem** est la ville où les Juifs sont allés adorer.
- **Nazareth** est la ville en Galilée où Jésus a vécu.
- **L'encens** était une substance aromatique qu'une personne faisait brûler comme une offrande à Dieu.
- **La myrrhe** est un liquide que les gens utilisaient dans l'huile, dans les parfums et pour la préparation des corps à l'enterrement.

L'ACTIVITÉ

Avant la classe, indiquez clairement des frontières dans l'endroit où vous êtes (à l'intérieur ou à l'extérieur).

Choisissez trois enfants pour être les mages. Expliquez que les mages sont des sages venus d'Orient pour la naissance de Jésus. Dans ce jeu, les mages vont fermer ou se couvrir les yeux et compter jusqu'à cinquante. Entre-temps, les autres joueurs vont se disperser et se cacher quelque part. Après quoi, les mages vont chercher les enfants. Les trois derniers enfants trouvés par les mages deviennent les nouveaux mages. Si le temps le permet, jouez à ce jeu jusqu'à ce que chaque enfant ait eu l'occasion d'être un des mages.

Dites : **Aujourd'hui, nous allons découvrir des mages qui cherchaient un cadeau spécial.**

LA LEÇON BIBLIQUE

Préparez l'histoire suivante, adaptée de Matthieu 1.18 – 2.23 avant de la raconter aux enfants.

Marie et Joseph annoncèrent publiquement qu'ils allaient se marier. Avant leur mariage, Marie se rendit compte qu'elle était enceinte par le Saint-Esprit.

Joseph voulait divorcer d'elle discrètement. Cependant, un ange apparut à Joseph dans un rêve. L'ange lui dit : « Joseph, fils de David, ne crains pas de prendre Marie comme femme. Elle donnera naissance à un fils, et tu lui donneras le nom de Jésus, et c'est lui qui sauvera son peuple de ses péchés. »

Ceci accomplit ce que le Seigneur avait dit à travers le prophète : « la vierge sera enceinte, elle enfantera un fils, et on lui donnera le nom d'Emmanuel, ce qui veut dire 'Dieu est avec nous' ».

Joseph se réveilla et fit ce que l'ange avait dit. Quand Marie enfanta l'enfant, Joseph appela l'enfant Jésus.

Après la naissance de Jésus à Bethléem en Judée, des mages d'Orient vinrent à Jérusalem pour l'adorer. Ils demandèrent au roi Hérode : « Où est le roi des juifs qui vient de naître ? Nous avons vu son étoile en Orient et nous sommes venus pour l'adorer. »

Quand Hérode entendit cela, il fut troublé. Le chef des prêtres et les spécialistes de la Loi disaient que l'enfant devait naître à Bethléem. Le roi Hérode demanda aux mages de lui dire quand et où ils auront trouvé l'enfant Messie.

Les mages suivirent l'étoile jusqu'à ce qu'elle s'arrête au-dessus de l'endroit où se trouvait le petit enfant. Quand les

mages virent l'enfant, ils tombèrent à genoux et ils lui rendirent hommage. Puis ils lui offrirent en cadeau de l'or, de l'encens et de la myrrhe. Cependant, Dieu les avertit par un rêve de ne pas retourner auprès d'Hérode. Alors, ils regagnèrent leur pays par un autre chemin.

Après le départ des mages, un ange du Seigneur apparut à Joseph dans un rêve. L'ange lui dit de prendre l'enfant et sa mère et de fuir en Égypte. Joseph fit ce que l'ange avait dit. Ils restèrent en Égypte jusqu'à la mort du roi Hérode.

Quand le roi Hérode s'aperçut de ce que les mages avaient fait, il devint furieux. Il donna des ordres pour qu'on tue à Bethléem et dans les environs tous les petits garçons en dessous de deux ans.

Après la mort du roi Hérode, un ange apparut de nouveau à Joseph et lui dit de ramener l'enfant et sa mère en Israël. Joseph fit cela. Dieu donna à Joseph un autre avertissement dans un rêve. Alors Joseph et sa famille emménagèrent dans la région de Galilée, dans la ville de Nazareth. Ainsi se réalisa la parole des prophètes que Jésus serait appelé nazaréen.

Encouragez les enfants à répondre aux questions suivantes. Il n'y a pas de bonnes ou de mauvaises réponses. Ces questions aideront les enfants à comprendre l'histoire et à l'appliquer à leurs vies.

1. Est-ce que quelqu'un vous a-t-il déjà promis quelque chose ? Cette personne a-t-elle tenu sa promesse ? Que ressentez-vous pour une personne qui ne tient pas une promesse ?
2. Jésus est pleinement Dieu et pleinement humain. Comment cet énoncé est-il vrai ? Comment cela affecte-t-il notre vie ?
3. **Pensez-vous qu'il a fallu du courage et de la foi à Joseph pour suivre les instructions des anges ? Pourquoi (pas) ?**
4. **Pourquoi le roi Hérode voulait-il que Jésus meure ?**
5. **Comment Le verset à retenir, Matthieu 1.21, est-il lié à cette histoire ? Comment est-ce que ce verset vous donne de l'espérance ?**

Dites : **Pensez à une promesse que quelqu'un vous a faite. Avez-vous attendu longtemps avant de recevoir ce que cette personne vous avait promis ? Dieu a promis d'envoyer à son peuple un Messie – un sauveur. Ils ont attendu longtemps pour que ce Messie vienne.**

Israël s'attendait à ce que le Messie vienne comme un roi qui les sauverait de leurs ennemis. À la place, Dieu leur a envoyé le Messie promis comme un bébé – un bébé qui était à la fois Dieu et humain. Jésus est Dieu, le fils. »

LE VERSET À RETENIR
Pratiquez le verset à retenir de l'étude. Vous trouverez des suggestions pour les activités des versets à retenir aux pages 137 et 138.

LES ACTIVITÉS SUPPLÉMENTAIRES
Choisissez parmi ces options pour améliorer l'étude biblique des enfants.

1. Dites : **Faites comme si vous étiez un des mages. Écouteriez-vous le roi Hérode ou Dieu ?** Faites un tableau pour comparer les avantages et les désavantages de chaque décision.

2. Encouragez les enfants à imaginer le voyage en Égypte avec Marie et Joseph. Jésus était très jeune, et la famille devait parcourir une longue distance pour garder Jésus en sécurité. Utilisez une carte et son échelle de distance pour calculer la distance parcourue par Marie et Joseph. Créez une exposition pour illustrer les choses dont Marie et Joseph avaient besoin pendant leur voyage.

QUESTIONS À CHOIX MULTIPLES POUR LE NIVEAU DE BASE

Pour préparer les enfants à ce concours, lisez Matthieu 1.18 – 2.23.

1 Qui était liée par fiançailles à Joseph ? (1.18)
1. Elizabeth
2. **Marie**
3. Rachel

2 Qu'est-ce qu'un ange a demandé à Joseph de faire quand il pensa à rompre ses fiançailles ? (1.19-20)
1. **De la prendre comme femme**
2. De rompre ses fiançailles sans en ébruiter la raison
3. De l'épouser en secret

3 Pourquoi Joseph devait-il appeler l'enfant Jésus ? (1.21)
1. C'était un bon nom dans sa famille
2. **Jésus sauverait son peuple de ses péchés**
3. Tous les gens importants portaient le nom de Jésus

4 Après la naissance de Jésus, qui sont venus de l'Orient à Jérusalem ? (2.1)
1. **Les mages**
2. Le roi Hérode
3. Quelques cousins de Jésus

5 Pourquoi les mages sont-ils venus d'Orient ? (2.2)
1. Pour rendre hommage au roi Hérode
2. Pour rendre hommage à Marie et Joseph
3. **Pour rendre hommage au roi des juifs qui vient de naître**

6 Qu'ont fait les mages en voyant Jésus ? (2.11)
1. Ils ont tombé à genoux et lui ont rendu hommage
2. Ils lui ont offert des cadeaux
3. **Les réponses ci-dessus sont correctes**

7 Qui recherchait l'enfant Jésus pour le tuer ? (2.13)
1. Le pharaon d'Égypte
2. **Le roi Hérode**
3. Le roi de Perse

8 Combien de temps Marie, Joseph et Jésus sont-ils restés en Égypte ? (2.15)
1. Jusqu'aux douze ans de Jésus
2. Jusqu'à la mort de Joseph
3. **Jusqu'à la mort d'Hérode**

9 Après la mort d'Hérode, qu'est-ce qu'un ange a dit à Joseph de faire ? (2.19-20)
1. **Prends l'enfant et sa mère et retourne dans le pays d'Israël**
2. Prends l'enfant et sa mère et retourne à Bethléem
3. Prends l'enfant et sa mère et retourne au temple

10 Selon la parole des prophètes, comment les gens ont-ils appelés Jésus ? (2.23)
1. Un faiseur de miracles
2. **Un nazaréen**
3. Le plus grand homme qui ait vécu

QUESTIONS À CHOIX MULTIPLES POUR LE NIVEAU AVANCÉ

Pour préparer les enfants à ce concours, lisez Matthieu 1.18 – 2.23.

1. Que s'est-il passé avant que Marie et Joseph se marient ? (1.18)

1. Marie a décidé de ne pas épouser Joseph
2. Joseph a secrètement épousé une autre fille
3. Les parents de Marie ont mis fin à la relation
4. **Marie se trouvait enceinte par l'action du Saint-Esprit**

2. Quel genre d'homme était Joseph ? (1.19)

1. Un homme arrogant
2. Un pécheur
3. Un homme d'affaires important de Jérusalem
4. **Un homme bon et droit**

3. Quel nom Joseph a-t-il donné au bébé ? (1.25)

1. **Jésus**
2. Joseph
3. Jean
4. Moïse

4. Quand le roi Hérode a entendu ce que disaient les mages, qu'a-t-il fait ? (2.4, 7)

1. Il a convoqué les chefs des prêtres et les spécialistes de la Loi
2. Il a demandé aux prêtres et aux spécialistes où devait naître le Messie
3. Il a appelé les mages secrètement, et s'est fait préciser à quel moment l'étoile leur est apparue
4. **Les réponses ci-dessus sont correctes**

5. Pourquoi les mages ont-ils regagné leur pays par un autre chemin, plutôt que d'informer le roi Hérode ? (2.12)

1. Ils voulaient rentrer chez eux plus vite
2. **Dieu les a avertis par un rêve de ne pas retourner auprès d'Hérode**
3. Ils voulaient voir d'autres parties du monde
4. Ils ont oublié de rapporter à Hérode

6. Après le départ des mages, qu'a dit l'ange du Seigneur à Joseph ? (2.13)

1. De prendre Jésus et Marie et fuir en Égypte
2. De rester en Égypte jusqu'à ce que Dieu leur dise de revenir
3. Que le roi Hérode rechercherait Jésus pour le tuer
4. **Les réponses ci-dessus sont correctes**

7. Quand le roi Hérode s'est aperçu que les mages s'étaient moqués de lui, qu'a-t-il fait ? (2.16)

1. Il est allé lui-même à Bethléem.
2. Il a envoyé des soldats pour capturer les mages.
3. **Il a donné l'ordre de tuer à Bethléem et dans les environs tous les garçons en-dessous de deux ans.**
4. Il est allé chercher Jésus en Égypte.

8. Qu'est-il arrivé après la mort d'Hérode ? (2.19-20)

1. **Un ange a dit à Joseph de retourner dans le pays d'Israël avec Marie et Jésus**
2. Un roi en Égypte a tenté de trouver et de tuer Jésus
3. Marie et Joseph ont décidé de rester pour toujours en Égypte
4. Des prophètes sont venus rendre visite à Jésus en Égypte

9 Comment s'est réalisée la parole des prophètes quand Marie et Joseph se sont établis dans la ville de Nazareth ? (2.23)

1. Tous les vrais prophètes viennent de Nazareth
2. **On appellera Jésus le nazaréen**
3. Jésus aurait une enfance heureuse à Nazareth
4. Les réponses ci-dessus sont correctes

10 Complétez ce verset : « Elle enfantera un fils, et tu lui donneras le nom de Jésus … » (1.21)

1. **C'est lui qui sauvera son peuple de ses péchés**
2. Je le commande
3. C'est ainsi que les prophètes ont dit de le nommer
4. C'est un joli nom

Étude 2

Matthieu 3.1 – 4.12, 17-25

LE VERSET À RETENIR

Jésus répondit : Il est écrit : L'homme ne vivra pas de pain seulement, mais de toute parole qui sort de la bouche de Dieu. (Matthieu 4.4)

LA VÉRITÉ BIBLIQUE

Jésus a utilisé la parole de Dieu pour vaincre la tentation.

LE CŒUR DE L'ÉTUDE

Dans cette étude, les enfants découvriront Jean-Baptiste. Il enseigna le peuple à se repentir et à se préparer pour l'arrivée du Messie. Jean baptisa Jésus. Après cet événement, Satan tenta Jésus dans le désert. Alors que Jésus marchait le long de la mer de Galilée, il appela les premiers de ses disciples.

LE CONSEIL PÉDAGOGIQUE

En dirigeant l'étude biblique, concentrez-vous sur ce que signifie être un disciple de Jésus.

LE COMMENTAIRE BIBLIQUE

La parole de Dieu joue un rôle dans le comportement des gens, qu'ils soient justes ou méchants. Dans cette étude, nous découvrirons comment cela est possible.

Jean-Baptiste a accompli la prophétie d'Ésaïe sur le précurseur du Seigneur. Le livre de Matthieu montre que Dieu, qui était à l'œuvre dans l'Ancien Testament, était toujours à l'œuvre dans les temps du Nouveau Testament.

Les Pharisiens et les Saducéens étaient des érudits de la Loi, mais Jean les réprimanda. Ils avaient une interprétation étroite des Écritures. Beaucoup de juifs suivaient leurs enseignements. Ainsi, les Pharisiens et les Saducéens détournaient le peuple de Dieu.

Pendant que Jésus était dans le désert, Satan lui cita les Écritures afin de l'inciter à pécher. Cependant, Jésus cita à son tour les Écritures en réponse à Satan. Les enseignements de l'Ancien Testament nous aident encore à connaître Dieu et sa volonté pour nos vies. Quand les tentations surviennent, nous pouvons les résister en utilisant comme guide les Écritures.

Nous devons aborder la Bible avec la bonne attitude. Nous devons comprendre ce que nous lisons et mettre correctement en pratique le message.

LES CARACTÉRISTIQUES DE DIEU

- Dieu nous envoie son Saint Esprit pour nous aider.
- Dieu nous aide à résister à la tentation.

LES PAROLES DE NOTRE FOI

Le Saint Esprit est l'Esprit de Dieu. Le Saint Esprit nous donne le pouvoir de vivre pour Dieu quand nous nous confions en Jésus comme notre sauveur.

Les Pharisiens étaient un groupe religieux juif qui suivait à la lettre la Loi de Moïse. Ils ajoutèrent à la loi beaucoup d'autres règles et coutumes.

Les Saducéens étaient des dirigeants juifs venant des familles de prêtres qui croyaient seulement dans la Loi de Moïse. Ils ne croyaient pas dans la résurrection des morts ni dans les anges.

Le baptême est une cérémonie publique qui symbolise la renaissance d'une personne en Christ.

Jeûner c'est se priver de quelque chose, d'habitude la nourriture pour un certain temps. Une personne fait cela et utilise le temps pour prier et se centrer sur Dieu.

Se repentir c'est se détourner du péché et se tourner vers Dieu.

La tentation est le désir de faire quelque chose qu'on sait qu'on ne doit pas faire.

L'ACTIVITÉ

Vous aurez besoin de ces articles suivants pour cette activité :

- Un bandeau
- Quelques chaises ou objets similaires à utiliser comme obstacles
- Du ruban adhésif

Avant la classe, placez les obstacles autour de la pièce. Préparez un itinéraire qui mènera un enfant autour ou à travers les obstacles. Marquez ce chemin avec le ruban adhésif.

Choisissez un volontaire. Demandez au volontaire de sortir de la pièce. Pendant que le volontaire est hors de la pièce, dites aux autres enfants : **Aujourd'hui, nous allons apprendre comment la parole de Dieu nous aide à éviter les tentations. Je vais donner des instructions au volontaire qui portera un bandeau sur les yeux. Pendant que je donnerai les instructions, le reste d'entre vous criera des instructions incorrectes au volontaire. Essayez de le ou la détourner du bon chemin.**

Faites rentrer le volontaire. Placez-le au début de l'itinéraire et mettez le bandeau sur les yeux de l'enfant. Dites : **Je vais te donner des instructions pour naviguer sur ce chemin. N'écoute que ma voix !**

Dirigez l'enfant d'un ton de voix normal. Le volontaire devra suivre vos instructions pour atteindre le bout du chemin. Répétez l'activité avec d'autres volontaires si le temps le permet.

Dites : **Dieu nous donne des instructions par la Bible. Quand nous étudions la Bible, nous apprenons à éviter les tentations. Aujourd'hui, nous allons découvrir un moment où Satan tenta Jésus.**

LA LEÇON BIBLIQUE

Préparez l'histoire suivante, adaptée de Matthieu 3.1-4.12 ; 17-25 avant de la raconter aux enfants.

Jean-Baptiste commença à prêcher dans le désert. Il disait « Changez, car le règne des cieux est proche. » Jean accomplissait la prophétie d'Ésaïe que quelqu'un prêcherait dans le désert et préparerait le chemin pour Jésus.

Jean portait des vêtements faits de poils de chameau. Il portait aussi une ceinture en cuir. Il mangeait des sauterelles et du miel sauvage. Les gens venaient de loin pour voir Jean. Après avoir écouté Jean, beaucoup se repentaient de leurs péchés. Jean baptisait ces gens-là.

Quand Jean vit les Pharisiens et les Saducéens, il dit « Espèces de vipères !

Montrez par vos actes que vous avez changés de vie. Vous descendez d'Abraham, mais cette lignée ne vous sauvera pas. Dieu peut faire des enfants à Abraham à partir de pierres. Tout arbre qui ne produit pas de bon fruit sera coupé et jeté au feu. »

Jean disait « Moi, je vous baptise dans l'eau. Mais quelqu'un viendra après moi. Il vous baptisera dans le Saint Esprit. »

Jésus vint à Jean, et il voulait que Jean le baptise. Jean dit à Jésus « Toi, tu devrais me baptiser. Pourquoi viens-tu à moi ? »

Jésus dit « Accepte, pour le moment, qu'il en soit ainsi ! »

Quand Jean baptisa Jésus, l'Esprit de Dieu descendit du ciel comme une colombe. La colombe vint se poser sur Jésus. Une voix venue du ciel dit « Celui-ci est mon fils bien-aimé, celui qui fait toute ma joie. »

Après avoir été baptisé par Jean, Jésus alla dans le désert. Jésus jeûna quarante jours et quarante nuits, et il eut faim. Satan vint à Jésus et il dit « Si tu es le fils de Dieu, ordonne que ces pierres se changent en pains. »

Jésus répondit « Il est écrit 'L'homme ne vivra pas de pain seulement, mais de toute parole qui sort de la bouche de Dieu.' »

Satan emmena Jésus à Jérusalem, et ils allèrent sur le haut du temple. Satan dit « Si tu es le fils de Dieu, lance-toi dans le vide. Il est écrit que Dieu enverra ses anges pour te protéger. »

Jésus dit « Il est aussi écrit 'Tu ne forceras pas la main du Seigneur ton Dieu.' »

Alors Satan emmena Jésus sur une haute montagne et lui montra tous les royaumes du monde. Satan dit « Prosterne-toi et adore-moi, et je te donnerai tous les royaumes du monde. »

Jésus dit « Va-t'en, Satan ! Il est écrit : 'Tu adoreras le Seigneur ton Dieu, et c'est à lui seul que tu rendras un culte.' » Satan s'en alla, et les anges vinrent et prirent soin de Jésus.

Jésus apprit que Jean était en prison ; alors Jésus revint en Galilée. En chemin, il vit deux frères Simon, appelé Pierre, et André. Ils lançaient un filet pour attraper des poissons. Jésus dit « Venez, suivez-moi et je ferai de vous des pêcheurs d'hommes. » Ils laissèrent là leurs filets, et suivirent Jésus.

Jésus vit deux autres frères. Ils s'appelaient Jacques et Jean. Ces hommes étaient les fils de Zébédée. Ils étaient pêcheurs. Jésus les appela, et ils laissèrent leurs filets pour le suivre.

Jésus faisait le tour de toute la Galilée. Il enseignait dans les synagogues, et il prêchait au peuple. Il guérissait aussi les malades. Bientôt, on entendit parler de lui jusqu'en Syrie. On lui amena tous ceux qui étaient malades. Ils apportèrent aussi des gens qui étaient sous l'emprise de démons et d'autres qui étaient paralysés. Jésus les guérit tous. Des foules nombreuses s'assemblaient autour de Jésus partout où il allait.

Encouragez les enfants à répondre aux questions suivantes. Il n'y a pas de bonnes ou de mauvaises réponses. Ces questions aident les enfants à comprendre l'histoire et à l'appliquer à leurs vies.

1. D'après vous, que ressentit Jean-Baptiste quand il baptisa Jésus ?

2. Pourquoi Jésus fut-il tenté ? Quelles sont quelques-unes des tentations survenues dans votre vie ?

3. Pourquoi, d'après vous, Jésus choisit-il Simon Pierre, André, Jacques et Jean pour être ses disciples ?

Dites : **C'était difficile pour Jésus d'être dans le désert. Jésus jeûna quarante jours et quarante nuits, et cela lui causa d'avoir très faim.**

Satan tenta Jésus de trois façons différentes. Cependant, Jésus résista aux tentations de Satan. Jésus nous démontre comment utiliser les Écritures pour nous défendre de la tentation. Nous pouvons utiliser les Écritures quand Satan nous tente.

LE VERSET À RETENIR

Pratiquez le verset à retenir de l'étude. Vous trouverez des suggestions pour les activités des versets à retenir aux pages 137 et 138.

LES ACTIVITÉS SUPPLÉMENTAIRES

Choisissez parmi ces options pour améliorer l'étude biblique des enfants.

1. Lisez Matthieu 3.3-17. Avec des crayons, des feutres ou des crayons de couleur, demandez à chaque étudiant de faire un dessin du baptême de Jésus. Menez une discussion ouverte avec toute la classe sur les différents événements qui se sont déroulés quand Jean a baptisé Jésus.

2. Avec toute la classe, écrivez quelques tentations auxquelles les enfants doivent faire face. Puis lisez 1 Corinthiens 10.13. Écrivez ce verset sur une grande bannière où la classe pourra le voir tous les jours. Remerciez Dieu pour sa promesse de ne pas permettre que vous soyez « tentés au-delà de vos forces. » Permettez aux enfants de décorer cette bannière.

QUESTIONS À CHOIX MULTIPLES POUR LE NIVEAU DE BASE

Pour préparer les enfants à ce concours, lisez Matthieu 3.1 – 4.12 ; 4.17-25.

1 Qui se mit à prêcher dans le désert de Judée ? (3.1)
1. Jacques, le frère de Jésus
2. Joseph
3. **Jean-Baptiste**

2 Quel était le message de Jean-Baptiste ? (3.2)
1. **Changez, car le règne des cieux est proche**
2. Changez ou vous mourrez demain
3. Jésus est le Sauveur. Ayez confiance en lui

3 Qu'est-ce que le prophète Ésaïe avait annoncé sur Jean-Baptiste ? (3.3)
1. Jean serait une voix de quelqu'un qui crie dans le désert
2. Jean dirait « Préparez le chemin pour le Seigneur. »
3. **Les réponses ci-dessus sont correctes**

4 Qui se rendit de la Galilée pour être baptisé par Jean-Baptiste ? (3.13)
1. Les Pharisiens
2. **Jésus**
3. Tous les proches de Jean

5 Que s'est-il passé quand Jean a baptisé Jésus ? (3.16)
1. Le ciel s'est ouvert
2. L'Esprit de Dieu est descendu sous la forme d'une colombe
3. **Les réponses ci-dessus sont correctes**

6 Pendant combien de temps Jésus a-t-il jeûné avant que le diable le tente ? 4.1-2

1. 30 Jours et 30 nuits
2. **40 Jours et 40 nuits**
3. 40 Jours et 30 nuits

7 Qu'est-ce que Jésus a dit quand le diable l'a tenté en l'incitant à se lancer du haut du temple ? (4.7)

1. **Tu ne forceras pas la main du Seigneur ton Dieu**
2. J'ai peur
3. Je ne peux pas être tenté

8 Qu'est-ce que le diable a promis à Jésus si celui-ci se prosterne et l'adore ? (4.8-9)

1. Tous les royaumes du roi Hérode
2. Les royaumes de Jérusalem
3. **Tous les royaumes du monde**

9 Qu'est-ce que Jésus a dit quand il a appelé Pierre et André ? (4.19)

1. **Je ferai de vous des pêcheurs d'hommes**
2. Je ferai de vous mes disciples
3. Je ferai de vous des hommes forts

10 Où Jésus est-il allé enseigner, prêcher et guérir toute maladie ? (4.23)

1. Dans tout Jéricho
2. Dans toute l'Égypte
3. **Dans toute la Galilée**

QUESTIONS À CHOIX MULTIPLES POUR LE NIVEAU AVANCÉ

Pour préparer les enfants à ce concours, lisez Matthieu 3.1 – 4.12 ; 4.17-25.

1 Où Jean-Baptiste prêchait-il ? (3.1)

1. Sur les rives de la rivière Jérusalem
2. Dans le temple à Jérusalem
3. **Dans le désert de Judée**
4. En Égypte

2 Que mangeait Jean-Baptiste ? (3.4)

1. Des sauterelles et du sanglier
2. Du miel sauvage et des rayons de miel
3. **Des sauterelles et du miel sauvage**
4. Des sauterelles et des fleurs sauvages

3 Qu'a dit Jésus à Jean avant que celui-ci ne le baptise ? (3.15)

1. Il est convenable de faire cela ; Dieu l'a commandé
2. Si tu ne la fais pas, personne ne le fera
3. C'est de cette façon que mon baptême doit se passer
4. **C'est de cette manière qu'il nous convient d'accomplir tout ce que Dieu demande**

4 Après le baptême de Jésus par Jean, quelles paroles est-ce qu'une voix venant du ciel a fait entendre ? (3.17)

1. **Celui-ci est mon Fils bien-aimé, celui qui fait toute ma joie**
2. Celui-ci est mon Fils, le Sauveur
3. Celui-ci est mon fils, traitez-le correctement
4. Celui-ci est Jésus-Christ, le fils du Dieu vivant

5 Qui a conduit Jésus-Christ dans le désert ? (4.1)

1. Jésus lui-même
2. Le diable
3. L'Esprit Saint
4. Jean-Baptiste

6 Qu'est-il arrivé à Jésus après que le diable l'a laissé ? (4.11)

1. Des anges sont venus et ont tenté Jésus
2. Des anges sont venus et le servirent
3. Le diable est revenu pour tenter Jésus à nouveau
4. Dieu a réconforté Jésus

7 Qui Jésus a-t-il vu en marchant le long de la mer de Galilée ? (4.18)

1. Philippe et Nathanaël
2. Judas et Jacques
3. Pierre et André
4. Bartholomé et Judas

8 Qu'ont fait Jacques et Jean quand Jésus les a appelés ? (4.21-22)

1. Ils ont laissé leur barque, ont quitté leur père, et ont suivi Jésus.
2. Ils ont parlé à Pierre et André, et puis ils ont suivi Jésus
3. Ils ont demandé à Zébédée la permission de suivre Jésus
4. Ils ont refusé de suivre Jésus

9 Quand on a entendu parler de Jésus dans toute la Syrie, qui les gens amenèrent-ils à Jésus ? (4.24)

1. Tous ceux qui étaient atteints de diverses maladies
2. Tous ceux qui souffraient de divers maux
3. Ceux qui étaient sous l'emprise de démons ainsi que des épileptiques et des paralysés
4. Les réponses ci-dessus sont correctes

10 Complétez ce verset : « Jésus répondit : Il est écrit : L'homme ne vivra pas de pain seulement... » (4.4)

1. Mais de tous les commandements du Seigneur, Dieu très haut
2. Mais de toute parole que je lui ai dite
3. Mais de toute parole que Dieu prononce
4. Mais de toute la Loi et les prophètes

Étude 3

Matthieu 5.1-37

LE VERSET À RETENIR

Heureux les pauvres en esprit, car le royaume des cieux est à eux ! Heureux les affligés, car ils seront consolés ! Heureux les débonnaires, car ils hériteront la terre ! Heureux ceux qui ont faim et soif de la justice car ils seront rassasiés ! (Matthieu 5.3-6)

LA VÉRITÉ BIBLIQUE

Jésus nous enseigne comment vivre les commandements de Dieu en tant que membres de son royaume.

LE CŒUR DE L'ÉTUDE

Dans cette étude, les enfants apprendront que Jésus enseignait de nouvelles manières de comprendre et d'obéir à la loi de Dieu concernant le meurtre, l'adultère, le divorce et les serments.

LE CONSEIL PÉDAGOGIQUE

Vos étudiants auront peut-être des questions sur la section du divorce. Aidez-les à comprendre que Jésus est venu transformer le résonnement légaliste sur tous les aspects de loi, y compris le divorce. Jésus a démontré que favoriser l'amour et la relation sont les buts de la loi de Dieu.

LE COMMENTAIRE BIBLIQUE

Dans le sermon sur la montagne, Jésus explique qu'il est venu accomplir la Loi et les prophètes. La Loi et les prophètes étaient comme des récipients à demi remplis, et Jésus est venu finir les leçons qu'ils avaient commencées. Certains des enseignements de Jésus semblent contredire les Écritures de l'Ancien Testament. Cependant, les enseignements de Jésus sont cohérents avec l'Ancien Testament. Jésus a surpris beaucoup de ceux qui l'écoutaient. Ils recevaient une nouvelle compréhension des intentions de Dieu pour l'humanité, et ils devaient aussi corriger un certain nombre de faux enseignements des Pharisiens et des Saducéens.

Le but de la Loi était d'enseigner à Israël le caractère et les valeurs de Dieu. La Loi leur apprenait aussi comment vivre une vie sainte. La Loi les aidait à prendre conscience de la valeur d'une relation avec Dieu, et de leur besoin de pardon. Beaucoup de gens avaient une mauvaise compréhension de la Loi. Ils croyaient qu'il suffisait de suivre certaines pratiques sans changer leur caractère. Jésus a enseigné aux gens à intérioriser la Loi. Jésus a appliqué la Loi à notre cœur (notre caractère, nos désirs, nos attitudes, et notre façon de penser) en plus de notre comportement.

LES CARACTÉRISTIQUES DE DIEU

- Jésus nous apprend à vivre comme membres de son royaume.
- Jésus nous enseigne à obéir aux lois de Dieu parce que nous l'aimons.

LES PAROLES DE NOTRE FOI

Le **royaume des cieux** se trouve là où Dieu règne. Le meilleur endroit pour voir le **royaume des cieux**, c'est là où les gens l'adorent et lui obéissent comme Seigneur de leur vie.

L'ACTIVITÉ

Vous aurez besoin de ces articles suivants pour cette activité :

- Des lampes de poche
- Un grand bol

Éteignez les lumières dans la pièce. Dites : **Pouvez-vous voir quelque chose dans le noir ?** Allumez une lampe de poche, mais placez-la sous le bol. Placez le bol sur le sol ou une table de sorte qu'on ne voit qu'un peu de lumière sous le bol. Dites : **Que voyez-vous ?** Enlevez le bol, et discutez avec les enfants de ce qu'ils voient avec la lumière.

Dites : **Quand nous obéissons à Jésus, les gens peuvent voir à quoi Jésus ressemble à travers nos actions. C'est comme la lumière. Quand la pièce était dans le noir, ou quand la lampe de poche était sous le bol, il était difficile de voir dans la pièce. Quand j'ai ôté le bol de dessus la torche, nous avons vu beaucoup de choses dans la pièce. Nous ne devons pas cacher notre lumière ou être gênés de partager l'amour de Jésus avec les autres ! Jésus veut que notre lumière brille pour lui afin que les autres puissent le voir comme il est.**

Option : Donnez à chaque enfant une lampe de poche, et demandez aux enfants de les allumer quand vous direz le mot 'lumière'. Si vous choisissez cette option, vous pourriez demander aux enfants d'apporter une lampe de poche de chez eux pour la leçon.

LA LEÇON BIBLIQUE

Préparez l'histoire suivante, adaptée de Matthieu 5.1-37 avant de la raconter aux enfants.

Jésus regarda autour de lui et vit la foule. Il monta sur une colline, et s'assit. Les disciples le suivirent. Jésus se mit à les enseigner comment Dieu voulait qu'ils vivent.

« Heureux ceux qui se reconnaissent spirituellement pauvres, car le royaume des cieux leur appartient.

– Heureux ceux qui pleurent, car Dieu les consolera.

– Heureux ceux qui sont humbles, car Dieu leur donnera la terre en héritage.

– Heureux ceux qui ont faim et soif de justice, car ils seront rassasiés.

– Heureux ceux qui témoignent de la bonté, car Dieu sera bon pour eux.

– Heureux ceux dont le cœur est pur, car ils verront Dieu.

– Heureux ceux qui répandent autour d'eux la paix, car Dieu les reconnaîtra pour ses fils.

– Heureux ceux qui sont opprimés pour la justice, car le royaume des cieux leur appartient.

– Heureux serez-vous quand les hommes vous insulteront et vous persécuteront, lorsqu'ils répandront toutes sortes de calomnies sur votre compte à cause de moi.

Oui, réjouissez-vous alors et soyez heureux, car une magnifique récompense vous attend dans les cieux. »

Jésus enseignait que les croyants devaient vivre de telle manière afin que toute personne voie l'amour de Dieu à travers eux.

Puis Jésus dit : « **Vous êtes le sel de la terre. Si le sel perd sa saveur, avec qui la salera-t-on ? Ce sel ne vaut plus rien.... Vous êtes la lumière du monde. Une ville au sommet d'une colline n'échappe pas** aux regards. On n'allume pas une lampe pour la mettre sous une mesure à grains : au contraire, on la fixe sur un pied de lampe pour qu'elle éclaire tous ceux qui sont dans la maison. C'est ainsi que votre lumière doit briller devant tous les hommes, pour qu'ils voient le bien que vous faites et qu'ils en attribuent la gloire à votre Père céleste. »

Certains croyaient que Jésus allait rejeter les lois et les enseignements de l'Ancien Testament. Jésus dit « Je ne suis pas venu pour abolir mais pour accomplir. Celui qui obéira à ces commandements et qui les enseignera aux autres sera considéré comme grand dans le royaume des cieux. »

Jésus rendait plus clair le sens des lois de Dieu. « Vous avez appris qu'il a été dit à nos ancêtres : Tu ne commettras pas de meurtre. Eh bien, moi, je vous dis que celui qui se met en colère contre son frère sera traduit en justice. »

Jésus dit : « Vous avez appris qu'il a été dit : Tu ne commettras pas d'adultère. Eh bien, moi, je vous dis que si quelqu'un jette sur une femme un regard chargé de désir, il a déjà commis adultère avec elle dans son cœur. »

Jésus dit « Vous avez encore appris qu'il a été dit à nos ancêtres : Tu ne rompras pas ton serment ; ce que tu as promis avec serment devant le Seigneur, tu l'accompliras. Eh bien, moi, je vous dis de ne pas faire de serment du tout, ni par le ciel, ni par la terre, ni par Jérusalem, ni par ta tête. Dites simplement « oui » si c'est oui, « non » si c'est non. »

Encouragez les enfants à répondre aux questions suivantes. Il n'y a pas de bonnes ou de mauvaises réponses. Ces questions aideront les enfants à comprendre l'histoire et à l'appliquer à leurs vies.

1. Jésus a parlé à ses disciples et probablement à beaucoup d'autres. D'après vous, que ressentaient les gens à propos des idées nouvelles que Jésus enseignait ?

2. Comment les enseignements de Jésus étaient-ils différents de ceux de l'Ancien Testament ?

Dites : « Dieu nous donne des commandements, et il veut que nous y obéissions. Certains obéissent, mais ils le font en se plaignant. Dans son sermon sur la montagne, Jésus nous apprend à obéir aux commandements de Dieu parce que nous l'aimons. Jésus nous enseigne à obéir dans notre comportement extérieur et dans notre cœur et notre attitude. Dieu voit ce qui est dans le cœur des gens. Choisissez d'obéir à Dieu volontairement avec une attitude positive. Voilà ce que signifie être un membre de son royaume. »

LE VERSET À RETENIR

Pratiquez le verset à retenir de l'étude. Vous trouverez des suggestions pour les activités des versets à retenir aux pages 137 et 138.

LES ACTIVITÉS SUPPLÉMENTAIRES

Choisissez parmi ces options pour améliorer l'étude biblique des enfants.

1. Écrivez le mot *heureux* sur du papier à bricolage. Réfléchissez à ces questions : **Qui est heureux ? Pourquoi sont-ils heureux ? Que veut dire ce mot ?** Posez ces questions aux membres de votre famille et à vos amis. Écrivez les réponses au hasard sur le papier à bricolage.

2. Faites des recherches sur les lois de l'Ancien Testament qui ont un lien avec les enseignements de Jésus dans le sermon sur la montagne. De quelles manières les Israélites ont-ils pratiqué ces lois de l'Ancien Testament ? Sur une affiche, faites deux colonnes. Dans une colonne, insérez l'information que vous avez trouvée dans l'Ancien Testament et dans l'autre, les nouvelles idées que Jésus a enseignées sur chaque loi.

QUESTIONS À CHOIX MULTIPLES POUR LE NIVEAU DE BASE

Pour préparer les enfants à ce concours, lisez Matthieu 5.1-37.

1. Quand Jésus voyait les foules, que faisait-il ? (5.1)
1. **Il montait sur une colline, et s'asseyait**
2. Il allait dans une autre ville
3. Il pleurait pour qu'ils s'humilient

2. Qu'est-ce que Jésus s'est mis à faire sur la colline ? (5.2)
1. À chanter
2. **À enseigner**
3. À prier

3. Pourquoi ceux qui se reconnaissent spirituellement pauvres sont-ils heureux ? (5.3)
1. **Le royaume des cieux leur appartient**
2. Dieu sera bon pour eux
3. Dieu leur donnera la terre en héritage

4. A qui selon les paroles de Jésus, Dieu donnera la terre en héritage ? (5.5)
1. Ceux qui pleurent
2. **Ceux qui sont humbles**
3. Ceux dont le cœur est pur

5. Comment Dieu reconnaîtra ceux qui répandent autour d'eux la paix ? (5.9)
1. Pour gens paisibles
2. Pour citoyens de son royaume
3. **Pour ses fils**

6. Selon Jésus, pourquoi ceux qui sont persécutés doivent-ils se réjouir et être heureux ? (5.11-12)
1. Une magnifique récompense les attend dans les cieux
2. Ils seraient ainsi comme les prophètes
3. **Les deux réponses ci-dessus sont correctes**

7. Que se passe-t-il quand quelqu'un laisse briller sa lumière devant tous les hommes ? (5.16)
1. Les chambres deviennent plus claires
2. **Ils en attribuent la gloire à votre Père céleste**
3. La ville est dans l'obscurité

8. Qu'est-ce que Jésus a dit qu'il était venu accomplir ? (5.17)
1. Les dix commandements
2. **La Loi et les prophètes**
3. Les béatitudes

9. Qu'est-ce que Jésus a dit à propos des serments ? (5.33-34)
1. Ne tenez pas les serments que vous faites
2. **Ne faites pas de serment du tout**
3. Prenez garde aux serments que vous faites

10. Qu'est-ce que Jésus a dit de faire à la place des serments ? (5.37)
1. **Dites simplement « oui » si c'est oui, « non » si c'est non**
2. Ne faites jamais de promesse à personne
3. Serrez-vous la main pour montrer que vous allez tenir parole

QUESTIONS À CHOIX MULTIPLES POUR LE NIVEAU AVANCÉ

Pour préparer les enfants à ce concours, lisez Matthieu 5.1-37.

1. Qui Dieu consolera-t-il, d'après les paroles de Jésus ? (5.4)

1. Ceux qui sont malades
2. **Ceux qui pleurent**
3. Ceux qui ont de grandes douleurs
4. Ceux qui sont insultés et persécutés

2. Qu'arrivera-t-il à ceux qui ont faim et soif de justice ? (5.6)

1. **Ils seront rassasiés**
2. Ils donneront aux autres
3. Beaucoup leur sera enlevé
4. Leurs cœurs trouveront du repos

3. Qu'arrive-t-il à ceux qui ont le cœur pur ? (5.8)

1. On les traitera avec gentillesse
2. Ils recevront beaucoup de choses
3. **Ils verront Dieu**
4. Ils seront remplis de joie

4. Qu'est-ce que Jésus a dit de faire à ceux qui sont persécutés ? (5.11-12)

1. **Réjouissez-vous et soyez heureux**
2. Demandez beaucoup d'aide aux autres
3. Soyez très tristes de ce qui vous arrive
4. Luttez contre toute personne qui vous blesse

5. A quoi Jésus compare-t-il le peuple de Dieu ? (5.13)

1. Au basilic
2. **Au sel**
3. Au poivre
4. À l'ail en poudre

6. Pourquoi Jésus a-t-il dit « que votre lumière doit briller devant tous les hommes » ? (5.16)

1. Pour éclairer tous ceux qui sont dans la maison.
2. **Pour qu'ils voient le bien que vous faites et qu'ils en attribuent la gloire à votre Père céleste.**
3. Pour qu'une ville au sommet d'une colline n'échappe pas aux regards.
4. Les réponses ci-dessus sont correctes

7. Qui est venu accomplir la Loi et les prophètes ? (5.17)

1. Moïse
2. Josué
3. Les pharisiens
4. **Jésus**

8. Devant qui passera celui qui dit « imbécile » à son frère ? (5.22)

1. La justice romaine.
2. **Le tribunal.**
3. La synagogue.
4. Les réponses ci-dessus sont correctes

9. Si on apporte une offrande devant l'autel et se souvient que son frère a quelque chose contre soi, que doit-on faire ? (5.23-25)

1. Laisser là son offrande devant l'autel.
2. Aller se réconcilier avec son frère.
3. Revenir présenter l'offrande.
4. **Les réponses ci-dessus sont correctes**

10 Complétez ce verset : « Heureux ceux qui se reconnaissent spirituellement pauvres, car le royaume des cieux leur appartient. Heureux ceux qui pleurent, car Dieu les consolera. Heureux ceux qui sont humbles, car Dieu leur donnera la terre en héritage. Heureux ceux qui ont faim ... » (5.3-6)

1. Pour être bon, car ils seront appelés le peuple de Dieu.
2. Pour l'amour de Dieu, car la bénédiction de Dieu est sur eux.
3. **Et soif de justice, car ils seront rassasiés.**
4. Et se rassasient, car ils n'auront jamais faim.

Étude 4

Matthieu 5.38 – 6.34

LE VERSET À RETENIR

Heureux les miséricordieux, car ils obtiendront miséricorde ! Heureux ceux qui ont le cœur pur, car ils verront Dieu ! Heureux ceux qui procurent la paix, car ils seront appelés fils de Dieu ! Heureux ceux qui sont persécutés pour la justice, car le royaume des cieux est à eux ! **(Matthieu 5.7-10)**

LA VÉRITÉ BIBLIQUE

Jésus nous montre comment mener une vie juste.

LE CŒUR DE L'ÉTUDE

Cette leçon aidera les enfants à apprendre que Jésus nous a montré comment mener une vie juste. Nous devons éviter la vengeance, aimer nos ennemis, et donner à ceux qui sont dans le besoin.

LE CONSEIL PÉDAGOGIQUE

Alors que vous enseignez l'étude biblique, mettez l'accent sur les méthodes pratiques que Jésus a enseignées pour vivre comme membres du royaume de Dieu.

LE COMMENTAIRE BIBLIQUE

Dans l'Ancien Testament, « œil pour œil » enseignait aux Israélites la justice. La punition pour un crime devait être égale à la gravité du crime. Ce précepte aidait les Israélites à comprendre le caractère juste de Dieu. Il enseignait les normes de Dieu concernant le bien et le mal. Les méchants ne devaient ni profiter des hommes droits ni des faibles. Ceci protégeait les criminels d'un châtiment trop sévère.

Quand Jésus était sur terre, « œil pour œil » était une justification pour la vengeance personnelle. Jésus a corrigé cette manière de voir. Une gifle sur la joue droite était une insulte grave. Tendre l'autre joue voulait dire accepter l'insulte. Une insulte n'était pas une question juridique qui se résolvait au tribunal. C'était un incident insignifiant en dehors de la loi.

Jésus a parlé envers d'autres situations impliquant la justice. Par exemple, si quelqu'un te poursuit au tribunal pour un mal que tu as commis, rends à cette personne plus que ce que tu lui dois. Quand quelqu'un de demande de faire quelque chose que tu ne veux pas faire, fais plus que ce qui t'a été demandé. N'aidez pas les gens en l'attente de recevoir quelque chose en retour. La personne qui est vraiment juste est généreuse, et elle place l'amour au-dessus des conflits et des inconvénients personnels.

LES CARACTÉRISTIQUES DE DIEU

- Dieu est juste.
- Dieu veut que nous cherchions son royaume et que nous lui fassions confiance.

LES PAROLES DE NOTRE FOI

La droiture est une relation étroite avec Dieu. Être juste signifie obéir à Dieu à cause de votre relation avec lui.

Une personne juste est droite ou bonne en pensées, en paroles et en actions.

Les païens étaient les personnes qui adoraient les idoles à la place de Dieu.

La synagogue était le lieu où les juifs se rencontraient pour lire les Écritures et adorer Dieu.

Un manteau était un long morceau de vêtement. Il servait de robe pendant la journée et de couverture pendant la nuit.

Une tunique était la pièce principale de l'habillement que les hommes portaient.

La prière est une conversation avec Dieu qui comprend à la fois parler et écouter.

Jeûner c'est abandonner quelque chose, généralement de la nourriture, pendant un certain temps afin de prier et se concentrer sur Dieu.

L'ACTIVITÉ

Vous aurez besoin de ces articles suivants pour cette activité :

- Deux grandes feuilles de papier vierges
- Des feutres ou des crayons de couleur

Avant la classe, collez les feuilles de papier sur le mur de la classe. Sur une feuille, dessinez un moineau (ou un autre oiseau). Sur l'autre feuille, dessinez un lis (ou une autre fleur).

Dites : **Aujourd'hui, nous allons choisir des couleurs pour cet oiseau et pour cette fleur. Quand je demande une couleur, levez la main. Quand je vous désigne du doigt, dites-moi quelle partie de l'image à colorier.**

Alors que vous coloriez les dessins, essayez d'appeler chaque enfant avant de finir le dessin. Quand vous avez fini, laissez les dessins dans la salle de classe afin que toutes personnes puissent les voir.

Dites : **Nous avons colorié ces dessins d'un moineau et d'un lis. Cependant, Dieu a fait le moineau et le lis bien plus beaux que nous ne pourrions jamais le faire. Aujourd'hui, nous allons découvrir que Dieu prend soin de nous encore plus qu'il ne le fait de ces belles choses.**

LA LEÇON BIBLIQUE

Préparez l'histoire suivante, adaptée de Matthieu 5.38 – 6.34 avant de la raconter aux enfants.

Jésus continuait à parler aux disciples qui se rassemblaient autour de lui. Jésus les enseignait comment traiter les personnes qui les maltraitaient.

Jésus dit : « Vous avez appris qu'il a été dit : œil pour œil, dent pour dent. » Eh bien, moi je vous dis : Ne résistez pas à celui qui vous veut du mal. S'il te gifle sur la joue droite, tends-lui aussi l'autre. Si quelqu'un prend ta chemise, donnes-lui aussi ton vêtement. Si quelqu'un te réquisitionne pour porter un fardeau sur un kilomètre, porte-le sur deux kilomètres avec lui. Donne à celui qui te demande. Ne tourne pas le dos à celui qui veut t'emprunter.

Certains disent d'aimer son prochain mais de haïr son ennemi. Eh bien, moi je vous dis : aimez vos ennemis et priez pour ceux qui vous persécutent. Si vous aimez seulement ceux qui vous aiment, vous ne gagnerez rien. Même les méchants font cela. Votre Père Céleste est parfait. Soyez donc parfaits comme lui.

Jésus enseignait le peuple à propos de l'humilité. Ne cherche pas à attirer l'attention quand tu fais de bonnes actions. Quand tu donnes aux pauvres, ne le

claironne pas partout. Si tu donnes aux pauvres, fais-le en secret. Dieu voit ce que tu fais dans le secret, et il te le rendra.

Certains essaient de prier en public, pour se faire remarquer par tout le monde. Quand tu pries, va dans ta pièce la plus retirée, et ferme la porte. Là, tu peux prier à Dieu. Et ton Père, qui voit dans ce lieu secret, te le rendra.

Quand tu pries, n'emploie pas beaucoup de mots pour que les gens t'entendent. C'est ainsi que les païens prient. Dieu sait ce qu'il te faut avant que tu le lui demandes.

« Prier donc ainsi : Notre Père, toi qui es dans les cieux, que tu sois reconnu pour Dieu, que ton règne vienne, que ta volonté soit faite, et tout cela, sur la terre comme au ciel. Donne-nous aujourd'hui le pain dont nous avons besoin, pardonne-nous nos torts envers toi comme nous pardonnons nous-mêmes les torts des autres envers nous. Garde-nous de céder à la tentation, et surtout, délivre-nous du diable. »

Si vous pardonnez aux autres leurs fautes, Dieu vous pardonnera aussi. Mais si vous ne leur pardonnez pas, Dieu ne vous pardonnera pas non plus vos fautes.

Quand vous jeûnez, n'ayez pas une mine triste. Au contraire, parfumez vos cheveux, et lavez-vous le visage. Ainsi, personne ne se rende compte que vous jeûnez. Seul Dieu verra ce que vous faites, et il vous le rendra.

Jésus enseignait aux disciples les choses auxquelles ils devraient accorder plus de valeur. « Ne vous amassez pas des richesses sur la terre ou elles sont à la merci de la rouille ou des cambrioleurs. Plutôt, amassez-vous des trésors dans le ciel, là où il n'y a ni rouille ni cambrioleurs. Car là où est ton trésor, là sera aussi ton cœur.

Les yeux sont comme une lampe pour le corps. Si tes yeux sont en bon état, ton corps entier jouira de la lumière. Par contre, si tes yeux sont malades, tout ton corps sera plongé dans l'obscurité.

Personne ne peut servir deux maîtres. Soit il détestera l'un et aimera l'autre, soit il sera dévoue au premier et méprisera l'autre. De même, il est impossible de servir à la fois Dieu et l'argent. »

Jésus enseignait le peuple à ne pas s'inquiéter. « Ne vous inquiétez pas de votre vie, de votre corps, de ce que vous mangez ou buvez, ou de ce vous vous habillez. La vie est plus importante que la nourriture, et le corps est plus important que les vêtements. Les oiseaux du ciel ne sèment ni ne moissonnent. Ils ne ramassent rien dans des greniers, mais Dieu les nourrit. Ne valez-vous pas bien plus que les oiseaux ? L'inquiétude ne prolongera pas votre existence.

De même, les lis sauvages ne travaillent pas, mais elles sont plus bien vêtues que Salomon. Dieu prend soin des lis même s'ils meurent vite. Dieu prendra soin de vous encore plus. Ne vous demandez pas ce que vous allez manger, boire ou porter. Les païens s'inquiètent de ces choses, mais Dieu sait que vous en avez besoin. Faites donc du règne de Dieu et de ce qui est juste à ses yeux votre préoccupation première, et toutes ces choses vous seront données en plus. Ne vous inquiétez pas pour le lendemain ; à chaque jour suffit sa peine. »

Encouragez les enfants à répondre aux questions suivantes. Il n'y a pas de bonnes ou de mauvaises réponses. Ces questions aident les enfants à comprendre l'histoire et à l'appliquer à leurs vies.

1. **Est-il facile de pardonner à ses ennemis ? Quand est-ce difficile pour vous de pardonner ?**
2. **Ressentez-vous parfois des difficultés pour prier ? Quelles méthodes nous aideront à prier de manière plus efficace ?**
3. **Qu'est-ce qui vous pousse à vous inquiéter ? Que ressentez-vous quand vous permettez à Dieu de prendre soin de ces situations ?**

Dites : « **Imaginez que vous faites quelque chose de bien pour un ami. Appelleriez-vous tous vos amis et votre famille pour leur dire ce que vous avez fait ? Parfois nous voulons une récompense quand nous faisons quelqu'un chose de bien. Cependant, Jésus nous a dit que nous devons faire de bonnes œuvres pour honorer Dieu – pas pour nous honorer nous-mêmes. Nous devons tout faire dans notre vie pour apporter louange et honneur à Dieu.**

LE VERSET À RETENIR
Pratiquez le verset à retenir de l'étude. Vous trouverez des suggestions pour les activités des versets à retenir aux pages 137 et 138.

LES ACTIVITÉS SUPPLÉMENTAIRES
Choisissez parmi ces options pour améliorer l'étude biblique des enfants.

1. Jésus nous a appris à prier. Ensemble, mémorisez la prière du Seigneur. Comment est-ce que cette prière peut nous enseigner à prier avec plus d'efficacité ?
2. Ensemble, pensez à plusieurs besoins de votre église ou de votre communauté. Faites-en une liste. Pour chaque élément de la liste, pensez à une manière que votre classe pourrait utiliser pour répondre à ce besoin. Choisissez une des éléments, et faites cette activité en groupe.

QUESTIONS À CHOIX MULTIPLES POUR LE NIVEAU DE BASE
Pour préparer les enfants à ce concours, lisez Matthieu 5.38 – 6.34.

1 Qu'est-ce que Jésus a dit que nous devons faire à celui qui nous veut du mal ? (5.39)
1. Les frapper sur la joue droite
2. **Ne pas leur résister**
3. Les éviter

2 Qu'est-ce que Jésus a dit de faire à ceux qui nous persécutent ? (5.44)
1. **De prier pour eux**
2. De les rapporter au prêtre
3. De les persécuter à leur tour

3 Qu'est-ce que Jésus a dit que nous devons faire quand nous voulons prier ? (6.6)
1. Aller dans notre pièce la plus retirée et verrouiller la porte.
2. Adresser notre prière à notre Père qui est là dans le lieu secret.
3. **Les réponses ci-dessus sont correctes.**

4 Pourquoi les païens rabâchent-ils des tas de paroles quand ils prient ? (6.7)
1. Ils en aiment le son.
2. **Ils s'imaginent qu'à force de paroles Dieu les entendra.**
3. Dieu répond à leurs prières plus rapidement.

5 Dans la prière du Seigneur, de qui Jésus demande-t-il à Dieu d'être délivré ? (6.13)
1. Des Pharisiens
2. Des romains
3. **Du diable**

6 Pourquoi Jésus a-t-il dit que ceux qui jeûnent devraient parfumer leurs cheveux et se laver le visage ? (6.17-18)
1. Les autres verront qu'ils aiment Dieu.
2. **Les autres ne se rendront pas compte qu'ils jeûnent.**
3. Les autres sauront qu'il faut rester loin d'eux.

7 Lesquelles de ces paroles Jésus a-t-il dites ? (6.19)
1. **Ne vous amassez pas des richesses sur la terre.**
2. Ne vous amassez pas de l'argent à la banque.
3. Ne vous amassez pas de l'or et de l'argent.

8 Où devrions-nous amasser nos trésors ? (6.20)
1. Dans la terre
2. Dans notre maison
3. **Dans le ciel**

9 Quels deux maîtres Jésus a-t-il dit que nous ne pourrions pas servir en même temps ? (6.24)
1. Dieu et les amis
2. **Dieu et l'argent**
3. Dieu et la famille

10 De quoi devons-nous faire notre préoccupation première ? (6.33)
1. **Le règne de Dieu et ce qui est juste à ses yeux**
2. L'argent
3. La nourriture et les vêtements

QUESTIONS À CHOIX MULTIPLES POUR LE NIVEAU AVANCÉ

Pour préparer les enfants à ce concours, lisez Matthieu 5.38 – 6.34.

1 Qu'est-ce que Jésus a dit de faire quand quelqu'un veut emprunter de nous ? (5.42)
1. De lui donner tout ce que nous avons
2. **De ne pas lui tourner le dos**
3. De ne rien lui donner
4. De lui donner assez de nourriture pour sa famille, puis de le renvoyer

2 Pourquoi devons-nous aimer nos ennemis et prier pour ceux qui nous persécutent ? (5.44-45)
1. Notre Père céleste nous aimera.
2. **Nous nous comporterons vraiment comme des enfants de notre Père céleste.**
3. Nos ennemis et persécuteurs deviendront meilleurs.
4. Toutes les réponses ci-dessus sont correctes.

3 Que devons-nous faire quand nous donnons aux pauvres ? (6.3)
1. Dire à tout le monde que nous donnons.
2. Donner aux pauvres nos vieux vêtements.
3. **Ne pas laisser notre main gauche savoir ce que fait notre main droite.**
4. L'annoncer pour que les gens nous honorent.

4 Pourquoi les hypocrites aiment-ils prier dans la synagogue et à l'angle des rues ? (6.5)
1. **Pour être remarqués par tout le monde.**
2. Il ne leur est pas permis de prier chez eux.
3. C'est là que Jésus leur a dit de prier.
4. Toutes les réponses ci-dessus sont correctes.

5 Qu'est-ce que Jésus a dit que ses disciples devraient faire quand ils jeûnent ? (6.17)

1. Avoir l'air triste et se mettre de la cendre sur le visage.
2. Rester chez eux.
3. **Parfumer les cheveux et se laver le visage.**
4. Chanter des louanges à Dieu.

6 Où Jésus a-t-il dit que serait notre cœur ? (6.21)

1. Là où sont notre famille et nos amis
2. **Là où est notre trésor**
3. Dans le ciel
4. Sur la terre

7 Qu'est-ce qui est plus important que la nourriture ? (6.25)

1. **La vie**
2. Les vêtements
3. Nos biens
4. Un lieu où habiter

8 Que fait notre Père céleste pour les oiseaux ? (6.26)

1. Il leur construit un nid.
2. **Il les nourrit.**
3. Il les aide à voler.
4. Il les habille.

9 Que devons-nous faire au lieu de nous inquiéter ? (6.25, 33)

1. Faire de la paix et de la joie dans les petites choses notre préoccupation première.
2. Donner à ceux qui sont dans le besoin.
3. **Faire du règne de Dieu et de ce qui est juste à ses yeux notre préoccupation première.**
4. Chercher d'abord à amasser des trésors dans le ciel.

10 Complétez ce verset : « Heureux ceux qui sont opprimés pour la justice … » (5.10)

1. **« …car le royaume des cieux leur appartient. »**
2. « …car ils seront consolés. »
3. « …Dieu les sauvera. »
4. « … car Dieu punira ceux qui les persécutent. »

Étude 5
Matthieu 7.1-29

LE VERSET À RETENIR

Heureux serez-vous, lorsqu'on vous outragera, qu'on vous persécutera et qu'on dira faussement de vous toute sorte de mal, à cause de moi. Réjouissez-vous et soyez dans l'allégresse, parce que votre récompense sera grande dans les cieux ; car c'est ainsi qu'on a persécuté les prophètes qui ont été avant vous. (Matthieu 5.11-12)

LA VÉRITÉ BIBLIQUE

Jésus possède l'autorité pour nous enseigner comment vivre parce qu'il est le Fils de Dieu.

LE CŒUR DE L'ÉTUDE

Dans cette leçon, les enfants apprendront que Jésus a montré au peuple comment vivre pour plaire à Dieu.

LE CONSEIL PÉDAGOGIQUE

En enseignant l'étude biblique, vous rencontrerez beaucoup de métaphores. Une métaphore est une manière de décrire quelque chose en l'appelant autrement. Par exemple, l'homme est un taureau enragé. Rappelez-vous que les métaphores peuvent être difficiles à comprendre pour les enfants. Prenez le temps d'étudier les métaphores mentionnées dans le sermon sur la montagne et de les expliquer à vos étudiants.

LE COMMENTAIRE BIBLIQUE

Jésus s'adressa à ses disciples en leur donnant des conseils sur l'entretien d'une bonne relation entre croyants. Jésus voulait que ses disciples évitent d'avoir une attitude critique envers d'autres. Dans ce passage, Jésus expliquait que le problème de jugement était centré sur sa propre droiture, hypocrite avec une attitude de condamnation.

Jésus a dit que nous serons jugés de la même façon que nous jugeons les autres. Si nous sommes miséricordieux envers les autres, nous recevrons la miséricorde. Si nous sommes durs envers les autres, Dieu nous traitera de même. Nous devrions faire attention de discerner le caractère d'une personne dans la vérité, l'humilité et l'amour.

Jésus a enseigné que nous devons enlever premièrement la poutre de notre œil. Nous faisons cela en examinant nos cœurs, nos pensées et nos attitudes. Jésus a expliqué qu'il nous faut adresser nos péchés et nos faiblesses en premier, afin que nous puissions correctement adresser ceux d'une autre personne. Si nous enlevons la poussière de notre œil, nous pouvons retourner vers notre frère et l'aider à enlever la poussière dans son l'œil. Seulement après que nous ayons connu la honte et la douleur de confesser nos fautes et nos échecs, nous pouvons être en mesure d'évaluer les autres avec humilité et compassion. Nous sommes donc invités, non pas à condamner, mais à aider nos frères et sœurs en Christ.

LES CARACTÉRISTIQUES DE DIEU

- Jésus a l'autorité pour nous enseigner parce qu'il est le Fils de Dieu.
- Dieu est sage et il partage sa sagesse avec nous.

L'ACTIVITÉ

Vous aurez besoin de ces articles suivants pour cette activité :

- Divers matériaux de travaux manuels comme des bâtonnets, des pailles, du scotch, des trombones à papier, etc. Utilisez ce que vous avez sous la main.
- Deux morceaux de tissu de la dimension d'une serviette.
- Un chronomètre

Divisez la classe en deux équipes. Donnez à chacune une quantité égale de fournitures. Placez les deux morceaux de tissu sur le sol. Demandez à chaque équipe de construire une structure avec les fournitures à leur disposition. Dites aux équipes de fabriquer la structure la plus solide possible avec les fournitures. Donnez à chaque équipe cinq minutes pour construire une structure.

Puis, créez une « tempête » avec l'aide d'un assistant : tenant le premier morceau de tissu par ces quatre coins. Secouez le tissu. Utilisez le chronomètre pour déterminer le temps qu'il a fallu pour faire effondrer la structure. Faites de même avec la structure de l'autre équipe.

Dites : **Même si vos structures paraissaient solides, la fondation fragile les a fait tomber et s'écrouler. Aujourd'hui, nous allons apprendre la fondation solide qu'il faut pour notre vie chrétienne.**

LA LEÇON BIBLIQUE

Préparez l'histoire suivante, adaptée de Matthieu 7.1-29 avant de la raconter aux enfants.

Jésus continua avec le sermon sur la montagne et dit : « Ne condamnez pas les autres pour ne pas être vous-mêmes condamnés. Car vous serez condamnés vous-mêmes de la manière dont vous aurez condamné. Pourquoi voies-tu les grains de sciure dans l'œil de ton frère, alors que tu ne remarques pas la poutre qui est dans le tien ? Commence donc par retirer la poutre de ton œil, alors tu y verras assez clair pour ôter la sciure de l'œil de ton frère.

Demandez et vous recevrez ; cherchez et vous trouverez ; frappez et l'on vous ouvrira. Si vous savez donner de bonnes choses à vos enfants, à combien plus forte raison votre Père céleste donnera-t-il des bonnes choses à ceux qui les lui demandent ! Donc, en toute chose, faites pour les autres tout ce que vous voudriez qu'ils fassent pour vous, car c'est la tout l'enseignement de la Loi et les prophètes.

Entrez par la porte étroite. Large est la porte et facile la route que mènent à la perdition. Nombreux sont ceux que s'y engagent. Mais étroite est la porte et difficile le sentier qui mènent à la vie. Qu'ils sont peu nombreux ceux qui les trouvent.

Gardez-vous des faux prophètes. Ils sont comme des loups qui paraissent comme des moutons afin de pouvoir attaquer les moutons. Au-dedans, ce sont des loups féroces. Vous pouvez reconnaître un faux prophète par le résultat de ses prophéties. Un bon arbre porte de bons fruits, mais un mauvais arbre produit de mauvais fruits. Pas tous de ceux qui me disent 'Seigneur, Seigneur' entreront dans le royaume des cieux, mais seulement ceux qui accomplit la volonté de mon Père céleste. Celui qui aime Dieu aidera les autres à aimer Dieu. »

Jésus disait aux gens qu'ils devaient avoir une foi solide en Dieu. « Celui qui écoute ce que je dis et qui l'applique,

ressemble à un homme sensé qui a bâti sa maison sur le roc. Il a plu à verse, les fleuves ont débordé, les vents ont soufflé avec violence, ils se sont déchaînés contre cette maison : elle ne s'est pas effondrée, car ses fondations reposaient sur le roc. Mais celui qui écoute mes paroles sans faire ce que je dis, ressemble à un homme assez fou pour construire sa maison sur le sable. Il a plu à verse, les fleuves ont débordé, les vents ont soufflé avec violence, ils se sont déchaînés contre cette maison : elle s'est effondrée et sa ruine a été complète. »

Quand Jésus eut fini de parler, le peuple était impressionné par son enseignement. Il parlait avec une autorité que n'avaient pas leurs spécialistes de la Loi.

Encouragez les enfants à répondre aux questions suivantes. Il n'y a pas de bonnes ou de mauvaises réponses. Ces questions aideront les enfants à comprendre l'histoire et à l'appliquer à leurs vies.

1. **Quelles idées importantes avez-vous appris dans ces versets ?**
2. **Comment les enseignements de Jésus diffèrent-elles de la manière dont les gens vivent aujourd'hui ?**
3. **Donnez quelques exemples de comportement de bon et de mauvais fruit. Quel type de fruit décrirez-vous ?**

Dites : **Beaucoup de gens écoutaient Jésus quand il était sur la terre parce que Jésus était sage. Mais d'autres l'écoutaient parce qu'ils voulaient apprendre plus sur Dieu. Jésus n'était pas seulement un homme bon et un dirigeant sage. Certaines des choses que Jésus a enseignées ne sont pas faciles à entendre. Certaines des choses que Jésus a enseignées ne sont pas faciles à inclure dans notre vie. Mais nous croyons et obéissons aux enseignements de Jésus parce qu'il est le Fils de Dieu.**

LE VERSET À RETENIR
Pratiquez le verset à retenir de l'étude. Vous trouverez des suggestions pour les activités des versets à retenir aux pages 137 et 138.

LES ACTIVITÉS SUPPLÉMENTAIRES
Choisissez parmi ces options pour améliorer l'étude biblique des enfants.

1. Encouragez les enfants à penser aux moments où ils ont jugé les autres. Passez un moment dans une prière dirigée, et laissez aux enfants l'occasion de demander pardon à Dieu pour ces moments. Demandez à Dieu de révéler aux enfants les points de leur vie qui ont besoin d'être améliorés.

2. Divisez la classe en groupes de deux personnes. Demandez aux enfants de s'asseoir là où ils veulent dans la pièce. Dites : Imaginez que vous êtes dans la foule qui entend Jésus pendant qu'il prononce le sermon sur la montagne. Que diriez-vous à un ami de ce que vous avez vu et entendu ? Laissez les enfants à tour de rôle se raconter l'un à l'autre ce qu'ils ont vu et entendu Jésus dire.

QUESTIONS À CHOIX MULTIPLES POUR LE NIVEAU DE BASE
Pour préparer les enfants à ce concours, lisez Matthieu 7.1-29.

1 Qu'arrivera-t-il à ceux qui condamnent les autres ? (7.1)
1. Ils recevront une punition.
2. Ils mourront pour leur péché.
3. **Ils seront condamnés.**

2 **Qu'est-ce que Jésus a dit de faire avant d'ôter la sciure de l'œil de ton frère ? (7.5)**

1. Retirer la poutre de l'autre œil de ton frère.
2. **Retirer la poutre de ton œil.**
3. Ne pas faire attention à la poutre dans ton œil.

3 **Qu'est-ce que Jésus a dit qu'il se passera si on « frappe » ? (7.7)**

1. Ils recevront une réponse.
2. **On vous ouvrira.**
3. Les réponses ci-dessus sont correctes.

4 **Qu'est-ce que Jésus a dit qu'il se passera quand on « cherche » ? (7.8)**

1. **On trouvera.**
2. On sera perdu.
3. On remportera la partie.

5 **Que donnera le Père céleste à ceux qui lui demandent ? (7.11)**

1. La réponse qu'ils attendent.
2. Tout ce qu'ils veulent.
3. **De bonnes choses.**

6 **Qu'est-ce que Jésus a dit que nous devons faire pour autres ? (7.12)**

1. Ce qu'ils ont fait pour nous.
2. **Ce que nous voulons qu'ils fassent pour nous.**
3. Ce que Jésus faisait aux gens qu'il connaissait.

7 **Où mènent la porte étroite et le sentier difficile ? (7.14)**

1. Au jardin
2. **À la vie**
3. À ta destruction

8 **Combien de personnes trouvent le sentier qui mène à la vie ? (7.14)**

1. **Ils sont peu nombreux.**
2. Ils sont nombreux.
3. Personne.

9 **Comment peut-on reconnaître un faux prophète ? (7.16)**

1. À leur apparence
2. **À leurs fruits**
3. À leurs vêtements

10 **Qu'est-il arrivé à la maison du fou quand il a plu à verse, les fleuves ont débordé, les vents ont soufflé avec violence, et ils se sont déchaînés contre cette maison ? (7.27)**

1. Elle a dérivé.
2. **Elle s'est effondrée et sa ruine a été complète.**
3. Elle est restée debout.

QUESTIONS À CHOIX MULTIPLES POUR LE NIVEAU AVANCÉ

Pour préparer les enfants à ce concours, lisez Matthieu 7.1-29.

1 **Comment Jésus a-t-il dit qu'on sera condamné ? (7.1-2)**

1. **De la même façon qu'on condamne les autres.**
2. De la manière que Dieu veut qu'on les juge.
3. De la manière dont les autres le jugent.
4. De la manière dont un gardien de prison le juge.

2. Qu'est-ce que Jésus a dit que font beaucoup de gens quand ils jugent les autres ? (7.3-4)

1. Ils voient les grains de sciure dans l'œil de leur frère.
2. Ils ne remarquent pas la poutre dans leur œil.
3. Ils disent à leur frère 'Laisse-moi enlever cette sciure de ton œil'.
4. **Les réponses ci-dessus sont correctes.**

3. Comment Jésus a-t-il dit que ses disciples devraient traiter les autres ? (7.12)

1. **Faites pour les autres tout ce que vous voudriez qu'ils fassent pour vous.**
2. Faites aux autres ce qu'ils vous ont fait.
3. Faites aux autres ce qu'ils ont fait à d'autres personnes.
4. Faites de bonnes actions seulement pour les bonnes personnes.

4. À travers quelle porte Jésus a-t-il dit de passer ? (7.13-14)

1. La porte large
2. La porte large sur la route facile
3. **La porte étroite**
4. La grande porte sur le chemin étroit

5. Comment peut-on reconnaître un faux prophète ? (7.15-16)

1. À leur habit de brebis
2. **À leurs fruits**
3. Par leur apparence : ils ressemblent à des loups
4. Par leur grognement

6. Qu'est-ce que Jésus a dit qu'il était impossible à un mauvais arbre de faire ? (7.18)

1. Il ne peut pas porter du fruit en hiver.
2. Il ne peut pas vivre longtemps.
3. Il ne peut pas produire de fleurs.
4. **Il ne peut pas porter de bons fruits.**

7. Qui Jésus a-t-il dit entrerait dans le royaume des cieux ? (7.21)

1. Tous ceux qui donnent une prophétie en son nom.
2. Tous ceux qui l'appellent 'Seigneur ! Seigneur !'.
3. **Ceux qui accomplissent la volonté de son Père céleste.**
4. Ceux qui chassent les démons et font des miracles.

8. A qui Jésus compare-t-il celui qui écoute ce qu'il dit et qui l'applique ? (7.24)

1. Un prophète qui dit toujours la vérité.
2. **Un homme sensé qui bâtit sa maison sur le roc.**
3. Un homme sensé qui bâtit sa maison sur le sable.
4. Un homme sensé qui peut prédire le temps qu'il fera.

9. Pourquoi les foules étaient-ils impressionnées par les enseignements de Jésus ? (7.28-29)

1. Il racontait des histoires intéressantes.
2. Il citait les spécialistes de la Loi.
3. **Il parlait avec une autorité que n'avaient pas leurs spécialistes de la Loi.**
4. Toutes les réponses ci-dessus sont correctes.

10 Complétez ce verset : « Heureux serez-vous quand les hommes vous insulteront et vous persécuteront, lorsqu'ils répandront toutes sortes de calomnies sur votre compte à cause de moi ... » (5.11-12)

1. « ...Réjouissez-vous alors et soyez heureux, car une magnifique récompense vous attend dans les cieux. Car vous serez ainsi comme les prophètes d'autrefois : eux aussi ont été persécutés avant vous de la même manière. »
2. « ... Vous recevrez une grande récompense parce que vous m'honorez. »
3. « ... Je serai heureux de ce que vous avez fait, et mon Père céleste le sera aussi. »
4. « ... Célébrez et soyez heureux, parce que vous avez fait de grandes choses. »

LE VERSET À RETENIR

O Dieu ! tes voies sont saintes ; Quel dieu est grand comme Dieu ? Tu es le Dieu qui fait des prodiges ; Tu as manifesté parmi les peuples ta puissance.
(Psaume 77.14-15)

LA VÉRITÉ BIBLIQUE

Les miracles de Jésus nous aident à croire qu'il est le Fils de Dieu.

LE CŒUR DE L'ÉTUDE

Cette leçon aidera les enfants à apprendre que Jésus a le pouvoir sur la maladie, la nature et le mal. Il a aussi le pouvoir de pardonner les péchés.

LE CONSEIL PÉDAGOGIQUE

En enseignant l'étude biblique, concentrez-vous sur les miracles de Jésus et comment ils nous aident à croire qu'il est le Fils de Dieu.

Étude 6

Matthieu 8.1-17, 23-24 ; 9.1-8

LE COMMENTAIRE BIBLIQUE

Les miracles de cette étude nous enseignent les capacités de Jésus. Il a montré son pouvoir sur la maladie et sur la vie humaine quand il a guéri le lépreux, la belle-mère de Pierre, et beaucoup d'autres. Jésus a montré son pouvoir dans la sphère surnaturelle quand il a chassé des démons des gens. Il a montré son pouvoir et son autorité dans le monde naturel quand il a calmé la tempête sur le lac. Jésus a du pouvoir sur toute la création. Les choses qui menacent de nous écraser ne peuvent pas vaincre Jésus.

Ces miracles nous enseignent aussi que Jésus avait de la compassion pour les gens. Quand il guérit le paralytique, Jésus révèle qu'il a l'autorité de pardonner les péchés. Les miracles de Jésus montrent qu'il est le Christ.

Jésus guérit aussi le serviteur d'un officier romain. Cela montra qu'il aimait aussi les gens qui n'étaient pas Juifs. Dieu offre le salut à tous. Il a utilisé les miracles pour démontrer l'amour et la compassion de Dieu. Les miracles ont montré qu'il est le Fils de Dieu.

LES CARACTÉRISTIQUES DE DIEU

- Jésus est plus puissant que tout ce qui peut nous menacer.
- Jésus a l'autorité de pardonner les péchés.

LES PAROLES DE NOTRE FOI

La foi c'est la confiance en Dieu qui amène les gens à croire ce que Dieu a dit, à dépendre de lui, et à lui obéir.

Un centurion était un soldat romain qui était responsable de 100 hommes.

La lèpre est un mot qui recouvre plusieurs maladies de la peau.

Une infirmité était une maladie ou un handicap.

Une réprimande est un avertissement ou de vives critiques.

Un miracle est un événement étonnant qui défie les lois normales de la nature. Dieu montre son caractère et sa puissance quand il fait des miracles.

Le Fils de l'homme est un nom pour Jésus. Ce nom signifie que Jésus est le Fils de Dieu, mais qu'il est aussi humain.

L'ACTIVITÉ

Vous aurez besoin de ces articles suivants pour cette activité :

- Un tapis ou une feuille de papier pour chaque enfant qui joue.
- Un autocollant ou un bout de ruban adhésif.

Avant la classe, placez l'autocollant ou le ruban adhésif sous un des tapis ou une des feuilles de papier. Disposez les tapis ou feuilles de papier en cercle.

Dites : **Aujourd'hui, nous allons nous lever de nos tapis et marcher. Quand je dirai « levez-vous et marchez », levez-vous et déplacez-vous vers la gauche. Quand je dirai « asseyez-vous », asseyez-vous sur le tapis le plus proche. Si vous avez un morceau de ruban adhésif sous votre tapis, vous êtes éliminé !**

Quand un enfant est éliminé, enlevez un tapis. Reprenez tous les tapis, mélangez-les et replacez-les en cercle. Jouez jusqu'à ce qu'il ne reste qu'un seul enfant. Cet enfant est le gagnant !

Dites : **Jésus a fait beaucoup de miracles. Aujourd'hui, nous allons découvrir un homme qui ne pouvait pas marcher. Jésus lui a dit « lève-toi et marche, » et l'homme s'est levé et a marché ! Nous allons aussi découvrir d'autres miracles que Jésus a faits.**

LA LEÇON BIBLIQUE

Préparez l'histoire suivante, adaptée de Matthieu 8.1-17, 23-34 ; 9.1-8 avant de la raconter aux enfants.

De grandes foules suivaient Jésus. Un lépreux vint à Jésus, et dit : « Seigneur, si tu le veux, tu peux me rendre pur. »

Jésus dit : « Je le veux, sois pur ! » Jésus guérit l'homme de sa lèpre. Jésus dit : « Ne dis à personne ce qui t'est arrivé. Va vers le prêtre, et fais une offrande en témoignage de ce qui t'est arrivé. »

Quand Jésus entra à Capernaüm, un officier romain vint à lui. L'officier dit : « Seigneur, mon serviteur souffre beaucoup de sa paralysie. »

Jésus dit : « J'irai le guérir. »

L'officier dit : « Je ne suis pas digne de t'accueillir chez moi. Je sais que tu peux guérir mon serviteur d'une parole. »

Jésus fut surpris de la foi de cet officier. Il dit : « Je n'ai rencontré personne en Israël avec une telle foi. Rentre chez toi. Il est guéri. » Le serviteur fut guéri à ce moment même.

Jésus se rendit à la maison de Pierre. La belle-mère de Pierre avait la fièvre. Jésus lui prit la main, et sa fièvre la quitta. Ce même soir, beaucoup de gens apportèrent à Jésus des personnes sous l'emprise de démons. Jésus chassa les esprits, et il guérit beaucoup de malades.

Jésus monta dans une barque avec ses disciples. Soudain, une grande tempête s'éleva sur le lac, et de grandes vagues passaient par-dessus la barque. Les disciples crièrent : « Seigneur, sauve-nous ! Nous sommes perdus ! »

Jésus dit : « Pourquoi avez-vous si peur ? Votre foi est bien petite ! » Jésus parla sévèrement à la tempête, et le lac devint calme.

Ce miracle étonna les disciples. Ils dirent : « Quel est donc cet homme ? Même les vents et la tempête lui obéissent ! »

Jésus arriva dans la région des Gadara. Deux hommes qui étaient sous l'emprise de démons vivaient là dans des tombeaux. Ils étaient si violents que personne n'osait plus passer par ce chemin. Ils dirent à Jésus : « Que veux-tu de nous, Fils de Dieu ? Es-tu venu nous tourmenter avant le temps ? »

Il y avait là des porcs. Les démons suppliaient : « Si tu nous chasses, envoie-nous dans ce troupeau de porcs. »

Jésus leur dit : « Allez ! » Les démons sortirent de ces hommes et entrèrent dans les porcs. Le troupeau s'élança du haut de la pente et se précipita dans le lac. Les gardiens du troupeau allèrent en ville et racontèrent cela à tout le monde. Toute la ville vint à Jésus, et le supplièrent de quitter leur région.

Jésus monta dans un bateau, et il se rendit dans sa ville. Quelques hommes amenèrent un ami à Jésus. Leur ami était paralysé. Jésus dit : « Tes péchés te sont pardonnés. »

Quelques spécialistes de la Loi se dirent : « C'est un blasphème. »

Jésus connaissait leurs pensées. Il dit : « Qu'est-ce qui est plus facile à dire : Tes péchés te sont pardonnés, ou Lève-toi et marche ? Mais afin que vous sachiez que le Fils de l'homme a l'autorité sur la terre de pardonner les péchés... » Alors il dit au paralytique : « Lève-toi, prend ton brancard et rentre chez toi. » L'homme se leva et rentra chez lui.

Quand les foules virent cela, elles furent saisies de frayeur et rendirent gloire à Dieu.

Encouragez les enfants à répondre aux questions suivantes. Il n'y a pas bonnes ou de mauvaises réponses. Ces questions aident les enfants à comprendre l'histoire et à l'appliquer à leurs vies.

1. **Pourquoi l'officier ne se sentait-il pas digne de recevoir Jésus chez lui ?**

2. **Pourquoi les disciples avaient-ils peur de la tempête ? Comment leur foi se compare-t-elle à celle de l'officier ?**

Dites : « Pouvez-vous imaginer ce que les gens ressentaient à propos de Jésus ? Jésus guérissait les malades d'un toucher de sa main ou d'un mot de sa bouche. Ils croyaient en Jésus, et ils eurent foi dans sa puissance de guérison. Jésus est mieux qu'un héros de fiction. Les miracles de Jésus nous aident à savoir que notre Sauveur prend soin de nous. Il a aussi le pouvoir de changer les vies.

LE VERSET À RETENIR

Pratiquez le verset à retenir de l'étude. Vous trouverez des suggestions pour les activités des versets à retenir aux pages 137 et 138.

LES ACTIVITÉS SUPPLÉMENTAIRES

Choisissez parmi ces options pour améliorer l'étude biblique des enfants.

1. Faites une liste des personnes dans l'étude du jour. Comparez la foi de chaque personne. À quoi a mené leur foi ? Quels obstacles a rendu plus difficile la foi en Dieu ? Comment la foi des disciples se compare-t-elle avec celle des autres personnes de l'étude du jour ?

2. Laissez les enfants conduire des entretiens avec des gens qui ont été témoins des miracles de cette étude. Distribuez les rôles suivants parmi les enfants : l'intervieweur, le lépreux, l'officier romain, la belle-mère de Pierre, un disciple ayant été témoin de la tempête calmée, un homme guéri de sa possession démoniaque. Il n'y a pas de scénario préétabli. Laissez les enfants revisiter l'histoire quand l'intervieweur leur demande de raconter leur rencontre avec Jésus.

QUESTIONS À CHOIX MULTIPLES POUR LE NIVEAU DE BASE

Pour préparer les enfants à ce concours, lisez Matthieu 8.1-17, 23-34 ; 9.1-8.

1 Qu'est-ce que le lépreux a dit à Jésus ? (8.2)
1. Reste loin de moi, je suis impur.
2. **Seigneur, si tu le veux, tu peux me rendre pur.**
3. Seigneur, pourquoi cela m'est-il arrivé ?

2 Qu'est-ce que Jésus a dit à propos la foi du centurion ? (8.10)
1. Il n'avait pas assez de foi.
2. Personne dans le monde n'a une telle foi.
3. **En Israël Je n'ai trouvé une telle foi.**

3 Comment Jésus a-t-il guéri la belle-mère de Pierre ? (8.15)
1. **Il lui a pris la main.**
2. Il lui a touché le front.
3. Il a commandé à la fièvre de s'en aller.

4 Qu'est-il arrivé après que Jésus et ses disciples ont monté dans la barque ? (8.23-24)
1. Une grande tempête s'est levée sur le lac.
2. Les vagues ont passé par-dessus la barque.
3. **Les réponses ci-dessus sont correctes.**

5 D'où les deux hommes qui étaient sous l'emprise de démons sont-ils sortis pour rencontrer Jésus ? (8.28)
1. De la rivière
2. **Des tombeaux**
3. De la synagogue

6 Comment se comportaient les démoniaques ? (8.28)
1. Ils criaient jour et nuit.
2. Ils tuaient ceux qui passaient près d'eux.
3. **Ils étaient si dangereux que personne n'osait plus passer par ce chemin.**

7 Qu'ont fait les habitants de la ville après que Jésus a guéri les hommes sous l'emprise de démons ? (8.34)
1. **Ils lui ont demandé de quitter leur territoire.**
2. Ils l'ont remercié pour son aide.
3. Ils ont fait un festin pour Jésus.

8 Qui est-ce qu'on a amené à Jésus, couché sur un brancard ? (9.2)
1. Un lépreux
2. **Un paralysé**
3. Un démoniaque

9 Qu'est-ce que Jésus a dit au paralysé de faire ? (9.6)
1. D'avoir une grande foi
2. De demander que ses péchés pardonnés
3. **De prendre son brancard et de rentrer chez lui**

10 Qu'ont fait les foules quand Jésus a guéri le paralytique ? (9.8)
1. Elles l'ont aidé à porter son brancard chez lui.
2. **Elles ont rendu gloire à Dieu.**
3. Les deux réponses ci-dessus sont correctes.

QUESTIONS À CHOIX MULTIPLES POUR LE NIVEAU AVANCÉ

Pour préparer les enfants à ce concours, lisez Matthieu 8.1-17, 23-24 ; 9.1-8.

1 Après avoir guéri le lépreux, qu'est-ce que Jésus lui a dit de faire ? (8.3-4)
1. Ne dis à personne ce qui t'est arrivé.
2. Va te faire examiner par le prêtre.
3. Apporte l'offrande prescrite par Moïse.
4. **Toutes les réponses ci-dessus sont correctes.**

2 Qu'est-il arrivé quand Jésus est entré à Capernaüm ? (8.5)
1. Un lépreux est venu vers pour être guéri.
2. **Un officier romain l'a abordé.**
3. Un prêtre est venu lui poser une question.
4. Un paralytique est venu vers lui.

3 Qu'est-ce que Jésus a fait pour la belle-mère de Pierre ? (8.14-15)
1. Il a chassé un démon d'elle.
2. Il l'a enseignée les Écritures.
3. **Il l'a guérie de sa fièvre.**
4. Il lui a servi un repas.

4 Quelle prophétie d'Ésaïe Jésus a-t-il accompli en guérissant les malades et en chassant les mauvais esprits ? (8.16-17)
1. **Il s'est lui-même chargé de nos infirmités et il a porté nos maladies.**
2. Il nous a aimés et a donné sa vie pour nous.
3. Il nous a guéris en portant nos maladies à la croix.
4. Il a prouvé qu'il était le Sauveur en accomplissant des guérisons.

5 Qu'est-ce que Jésus a dit lorsque les disciples l'ont réveillé pendant la tempête ? (8.26)
1. Hommes de peu de foi, ne savez-vous que je peux calmer les tempêtes ?
2. Vous avez eu raison de me réveiller.
3. **Pourquoi avez-vous si peur ? Votre foi est bien petite !**
4. Grande est votre foi.

6 Comment Jésus a-t-il guéri les deux hommes qui étaient sous l'emprise de démons qui sortaient des tombeaux ? (8.28, 32)
1. Il a prié pour eux.
2. **Il a envoyé leurs démons dans un troupeau de porcs.**
3. Il a crié « démons, sortez d'eux. »
4. Toutes les réponses ci-dessus sont correctes.

7 Qu'est-il arrivé au troupeau de porcs ? (8.32)
1. Ils ont piétiné à mort les hommes qui les gardaient.
2. Ils ont attaqué les deux hommes sous l'emprise de démons.
3. Ils ont couru dans la ville voisine.
4. **Il s'élança du haut de la pente et se précipita dans le lac.**

8 Qu'ont pensé les spécialistes de la Loi quand Jésus a dit au paralysé qu'il lui pardonnait ses péchés ? (9.3)

1. **Cet homme blasphème !**
2. Guéris cet homme d'abord, puis pardonne ses péchés.
3. Qui t'a donné le pouvoir de pardonner les péchés ?
4. Cet homme a vraiment besoin de pardon pour ses péchés.

9 Qu'est-ce que Jésus a dit au paralysé de faire ? (9.6)

1. De se lever
2. De prendre son brancard
3. De rentrer chez lui
4. **Toutes les réponses ci-dessus sont correctes.**

10 Complétez ce verset : « O Dieu ! tes voies sont saintes, quel dieu est grand comme Dieu ? Tu es le Dieu qui fait des prodiges ; … » (Ps 77.14-15)

1. « … Tu es Dieu au-dessus de tous les dieux. »
2. **« … Tu as manifesté parmi les peuples ta puissance. »**
3. « … Tu es le seul Dieu qui entend nos prières. »
4. « …Tu es le seul Dieu pour nous. ».

Étude 7

Matthieu 9.9-13, 18-26, 35-38 ; 10.1-14

LE VERSET À RETENIR

Alors il dit à ses disciples : La moisson est grande mais il y a peu d'ouvriers. Priez donc le maître de la moisson d'envoyer des ouvriers dans sa moisson. (Matthieu 9.37-38)

LA VÉRITÉ BIBLIQUE

Jésus nous invite à devenir ses disciples et à le joindre pour bâtir son royaume.

LE CŒUR DE L'ÉTUDE

Cette leçon aidera les enfants à apprendre que Jésus a donné à ses disciples un message à partager et que nous devrions partager ce même message.

LE CONSEIL PÉDAGOGIQUE

Lors de l'étude biblique, les enfants peuvent demander pourquoi Jésus ne voulait pas que les disciples aillent vers les païens ou les samaritains. Le message de Jésus était d'abord pour les juifs. Après la résurrection, ils porteront le message à toutes les nations.

LE COMMENTAIRE BIBLIQUE

Les collecteurs d'impôts étaient au temps de Jésus des personnes haïes dans la société. C'était des juifs qui travaillaient pour l'oppresseur romain. Ils devenaient riches aux dépens de leurs voisins. Les pharisiens voulaient savoir pourquoi Jésus acceptait de manger avec Matthieu et ses amis de mauvaise réputation. Manger avec quelqu'un indiquait une relation avec ce quelqu'un. Les pharisiens pensaient que Jésus approuvait le style de vie des collecteurs d'impôts. En réalité, Jésus a appelé Matthieu à sortir de sa vie de péché. La mission de Jésus était d'atteindre ceux qui avaient besoin de lui, peu importe leur statut ou leur réputation.

Dieu veut que nous travaillions à sa moisson pour amener les gens dans la communauté de l'alliance. Nous prions pour plus d'ouvriers. Le salut n'est pas quelque chose exclusivement entre Dieu et moi. Jésus veut plutôt que de nouveaux croyants joignent la communauté qu'il a déjà établi à travers Israël. Comme Jésus, nous devons atteindre tout le monde avec un amour constant.

LES CARACTÉRISTIQUES DE DIEU

- Dieu nous appelle à le suivre et à partager son amour avec les autres.
- Dieu nous envoie pour l'aider à bâtir son royaume.

LES PAROLES DE NOTRE FOI

Un disciple est une personne qui suit les enseignements et l'exemple d'une autre personne. Jésus a choisi douze **disciples** pour qu'ils l'aident à répandre la bonne nouvelle. Aujourd'hui, tous ceux qui acceptent Jésus et qui le suivent sont ses **disciples**.

Les zélotes étaient un groupe de Juifs qui croyaient que Dieu seul était roi d'Israël. Ils se battaient et étaient prêts à mourir pour se libérer de Rome.

L'ACTIVITÉ

Vous aurez besoin de ces articles suivants pour cette activité :

- Du papier
- Des ciseaux
- Des stylos, des crayons ou des feutres

Avant la classe, découpez douze poissons du papier et écrivez sur chaque poisson deux ou trois mots tirés du verset à retenir, Matthieu 9.37-38. Puis, cachez les poissons dans la pièce.

Demandez aux enfants de retrouver douze poissons qui sont cachés dans la pièce. Puis dites aux enfants de remettre les poissons dans le bon ordre. Récitez ensemble Le verset à retenir.

LA LEÇON BIBLIQUE

Préparez l'histoire suivante, adaptée de Matthieu 9.9-13, 18-26, 35-38 ; 10.1-14 avant de la raconter aux enfants.

Jésus vit Matthieu qui travaillait comme collecteur d'impôts. « Suis-moi, » dit Jésus à Matthieu, et Matthieu se leva et le suivit.

Jésus et ses disciples dînaient chez Matthieu avec beaucoup de collecteurs d'impôts et de pécheurs. Les pharisiens demandèrent aux disciples de Jésus : « Pourquoi votre maître mange-t-il avec les collecteurs d'impôts et les pécheurs ? »

Jésus entendit ce qu'ils demandaient, et il dit : « Ce ne sont pas les bien portants qui ont besoin de médecin, mais les malades. Je ne suis pas venu appeler les justes. Je suis venu appeler des pécheurs. »

Pendant que Jésus disait ceci, un responsable vint se prosterner devant lui. Celui-ci dit à Jésus que sa fille était morte ce même jour. Il demanda à Jésus : « Viens lui imposer les mains et elle revivra. » Alors Jésus se leva et le suivit avec ses disciples.

En chemin, une femme qui avait une perte de sang depuis douze ans vint derrière Jésus, et elle toucha la frange de son vêtement. Elle se disait : « Si seulement je puis toucher son manteau, je serai guérie. » Jésus se tourna vers elle et lui dit : « Ta foi t'a guérie. »

Quand Jésus entra dans la maison du responsable, il demanda à la foule de s'en aller. Jésus dit : « Cette fille n'est pas morte. Elle dort. » Quand la foule fut dehors, Jésus prit la fille par la main et elle se leva.

Jésus allait dans toutes les villes et tous les villages. Il enseignait, il proclamait la bonne nouvelle du règne de Dieu, et il guérissait toute maladie et toute infirmité. Jésus avait compassion du peuple parce qu'ils étaient sans défense, comme des brebis sans berger. Alors Jésus dit à ses disciples : « La moisson est abondante, mais les ouvriers sont peu nombreux. »[1]

Jésus donna à ses disciples l'autorité de chasser les esprits mauvais et de guérir toutes les maladies et toutes les infirmités. Il y avait douze disciples. Leurs noms étaient Simon appelé Pierre et son frère André ; Jacques, fils de Zébédée, et son frère Jean ; Philippe et Barthelemy ; Thomas et Matthieu le collecteur d'impôts ; Jacques, fils d'Alphée et Thaddée ; Simon le Zélé, et Judas Iscariote, celui qui trahit Jésus.

Jésus demanda à ses disciples d'aller vers les brebis perdues d'Israël, pas vers les païens ni les samaritains. Il leur demanda d'annoncer que le règne des cieux est tout proche. Il leur dit de guérir les malades, de ressusciter les morts, de purifier les lépreux, et de chasser les démons. Jésus leur dit que dans chaque ville ou village qu'ils entreraient, ils devaient chercher quelqu'un de recommandable et rester chez lui jusqu'à ce qu'ils partent de la localité. Jésus les avertit que si on n'accueillait pas les disciples ou n'écoutait pas leurs paroles, ils devaient secouer la poussière de leurs pieds en quittant cette ville ou ce village.

Encouragez les enfants à répondre aux questions suivantes. Il n'y a pas de bonnes ou de mauvaises réponses. Ces questions aident les enfants à comprendre l'histoire et à l'appliquer à leurs vies.

1. **Pensez-vous que Matthieu et ses amis se rendaient compte de ce que les pharisiens disaient d'eux ? Si oui, que pensez-vous qu'ils ressentaient ?**

2. **Les gens se moquèrent de Jésus quand il leur dit que la fille était seulement endormie, et pas morte. Croyez-vous qu'ils ont cru en Jésus après qu'il l'a ressuscitée des morts ? Pourquoi, ou pourquoi pas ?**

3. **Pourquoi Dieu a-t-il besoin d'ouvriers dans sa moisson ?**

4. **Pourquoi une ville rejetterait-elle Jésus et ses disciples ?**

Dites : **Avez-vous parfois l'impression de ne pas être important ? Peut-être pensez-vous que vous n'avez pas de travail important à faire. Cela n'est pas vrai. Jésus vous appelle à faire le travail le plus important au monde : partager la bonne nouvelle qui le concerne avec ceux qui ne le connaissent pas.** Jésus cherchait souvent des gens ordinaires pour l'aider. Beaucoup de ces personnes se sentaient probablement comme des gens de très peu d'importance avant de connaître Jésus.

Jésus leur a dit : « La moisson est abondante mais les ouvriers sont peu nombreux » (9.37). Jésus voulait dire qu'il y a beaucoup de personnes qui ne connaissent pas l'amour de Dieu. Ceux qui le connaissent doivent parler de l'amour de Dieu à tout le monde. Nous avons tous un travail à faire pour Jésus, et c'est un travail important.

LE VERSET À RETENIR
Pratiquez le verset à retenir de l'étude. Vous trouverez des suggestions pour les activités des versets à retenir aux pages 137 et 138.

LES ACTIVITÉS SUPPLÉMENTAIRES
Choisissez parmi ces options pour améliorer l'étude biblique des enfants.

1. Dites : **Qui sont vos amis les plus proches ? Qu'est-ce qui vous rend proches ?** Jésus était un modèle et un mentor pour ses disciples. Un mentor est quelqu'un qui vous guide par une activité ou une série d'événements, ou qui vous donne des informations. **Pensez à vos camarades et à votre famille. Y a-t-il parmi eux certains qui sont des mentors pour vous ? Qui ? Quelles sont certaines choses que vous avez apprises d'eux sur Jésus ?** Encouragez les enfants à faire une liste de deux personnes dans leur vie

pour lesquelles ils pourront prier, qu'ils pourront enseigner, et dont ils pourront être le mentor.

2. Invitez un serviteur de Dieu à parler à la classe de son témoignage chrétien et de son appel au ministère. Laissez du temps aux enfants pour qu'ils posent des questions. Soyez sensibles pendant ce temps. Ce pourrait être un temps où Dieu va appeler un enfant de votre classe au ministère chrétien à plein temps. Laissez les enfants savoir que Dieu demande à tous les chrétiens de servir ceux qui sont autour d'eux. Certains chrétiens reçoivent un appel pour entrer dans un ministère spécifique à plein temps.

QUESTIONS À CHOIX MULTIPLES POUR LE NIVEAU DE BASE

Pour préparer les enfants à ce concours, lisez Matthieu 9.9-13, 18-26, 35-38 ; 10.1-14.

1 Qu'a dit Jésus à Matthieu au poste de péage ? (9.9)
1. Tes péchés sont pardonnés.
2. **Suis-moi.**
3. Tu seras un collecteur d'hommes.

2 Qui étaient à table avec Jésus chez Matthieu ? (9.10)
1. Les pharisiens et des scribes.
2. **Beaucoup de collecteurs d'impôts et des pécheurs notoires.**
3. Les amis malades de Matthieu.

3 Quelle question les Pharisiens ont-ils posée aux disciples de Jésus après avoir vu Jésus à table chez Matthieu ? (9.10-11)
1. **Comment votre maître peut-il s'attabler de la sorte avec des collecteurs d'impôts et des pécheurs notoires ?**
2. Pourquoi votre maître parle-t-il à Matthieu ?
3. Pourquoi Matthieu ne nous a-t-il pas invités à dîner ?

4 Lesquelles de ces paroles Jésus a-t-il dit aux pharisiens ? (9.13)
1. Je désire que vous fassiez preuve d'amour envers les autres plutôt que vous m'offriez des sacrifices.
2. Je ne suis pas venu appeler des justes, mais des pécheurs.
3. **Les réponses ci-dessus sont correctes.**

5 Qu'a fait la femme qui souffrait d'hémorragies depuis douze ans ? (9.20)
1. Elle a touché le bras de Jésus.
2. **Elle a touché la frange de son vêtement.**
3. Elle a supplié Jésus de le guérir.

6 Comment Jésus a-t-il guéri la fille malade du responsable juif ? (9.25)
1. **Il lui a pris la main et elle s'est levée.**
2. Il a prié pour elle et elle s'est levée.
3. Il lui a touché le front et elle s'est levée.

7 Que faisait Jésus dans toutes les villes et tous les villages ? (9.35)
1. Il parlait aux spécialistes de la Loi.
2. Il rendait visite à sa famille et ses amis.
3. **Il enseignait, proclamait la Bonne Nouvelle et guérissait.**

8 Pourquoi Jésus était-il pris de pitié pour les foules ? (9.36)

1. Elles étaient malades et avaient besoin de guérison.
2. **Elles étaient inquiètes et abattues, comme des brebis sans berger.**
3. Elles étaient pauvres et dans le besoin.

9 Qu'est-ce que Jésus a dit à ses disciples concernant la moisson ? (9.37)

1. **La moisson est abondante, mais les ouvriers sont peu nombreux.**
2. La moisson est pauvre, mais il y a trop d'ouvriers.
3. La moisson est abondante. Allez et engrangez-la.

10 Quelle autorité Jésus a-t-il donné à ses disciples ? (10.1)

1. **Il leur a donné l'autorité de chasser les esprits mauvais et de guérir toute maladie et toute infirmité.**
2. Il leur a donné l'autorité de ressusciter les morts.
3. Il leur a donné l'autorité de discerner le bien du mal.

QUESTIONS À CHOIX MULTIPLES POUR LE NIVEAU AVANCÉ

Pour préparer les enfants à ce concours, lisez Matthieu 9.9-13, 18-26, 35-38 ; 10.1-14.

1 Qui a vu Matthieu au poste des péages ? (9.9)

1. **Jésus**
2. Les disciples de Jésus
3. Un grand prêtre
4. Un responsable romain

2 Qu'est-ce que Jésus a dit aux Pharisiens dans la maison de Matthieu ? (9.12-13)

1. Les bien-portants n'ont pas besoin de médecin ; ce sont les malades qui en ont besoin.
2. Je désire que vous fassiez preuve d'amour envers les autres plutôt que vous m'offriez des sacrifices.
3. Je ne suis pas venu appeler des justes, mais des pécheurs.
4. **Toutes les réponses ci-dessus sont correctes.**

3 Qui a dit : « Ma fille vient de mourir : mais viens lui imposer les mains, et elle revivra ? (9.18)

1. Un pharisien
2. **Un responsable juif**
3. Un centurion
4. Pierre

4 Qui ont suivi le responsable juif dont la fille est morte ? (9.19)

1. **Jésus et ses disciples**
2. Jésus seulement
3. Jésus et des pharisiens
4. Jésus et un médecin

5 Qui a touché la frange du vêtement de Jésus quand il allait à la maison du responsable juif ? (9.20)

1. Une femme bossue
2. Deux enfants qui jouaient
3. Un homme à la main sèche
4. **Une femme qui souffrait d'hémorragies depuis douze ans**

6 Qu'est-ce que Jésus a dit aux joueurs de flûtes et à la foule dans la maison du responsable juif ? (9.24)

1. Retirez-vous. Vous ne pouvez pas aider cette fille morte.
2. **Retirez-vous. La fillette n'est pas morte, elle est seulement endormie.**
3. Retirez-vous. Vous faites trop de bruit.
4. Retirez-vous. Le responsable ne veut pas de vous ici.

7 Quelles instructions Jésus a-t-il données à ses disciples quand il les a envoyés ? (10.5-9)

1. N'allez pas dans les contrées païennes et n'entrez pas dans les villes de la Samarie.
2. Annoncez que le règne des cieux est tout proche.
3. Ne mettez dans vos bourses ni or, ni argent, ni pièce de cuivre.
4. **Toutes les réponses ci-dessus sont correctes.**

8 Que devaient faire les disciples quand ils arrivaient dans une ville ou un village ? (10.11)

1. Chercher une synagogue et commencez à enseigner.
2. Se faire indiquer un prêtre et se présenter.
3. **Se faire indiquer quelqu'un de recommandable chez qui ils pouvaient rester.**
4. Chercher une auberge où demeurer.

9 Que devaient faire les disciples si on ne voulait pas les recevoir ? (10.14)

1. Prier pour la maison ou la ville et s'en aller.
2. Plaider avec eux au nom de Jésus.
3. **Quitter la maison ou la ville en secouant la poussière de leurs pieds.**
4. Mettre le feu à la ville.

10 Complétez ce verset : « Alors il dit à ses disciples : La moisson est abondante, mais les ouvriers sont peu nombreux ! Demandez donc au Seigneur, à qui appartient la moisson… » (9.37-38)

1. « … De vite ramasser la moisson. »
2. « … De louer des ouvriers pour sa moisson. »
3. **« … D'envoyer des ouvriers pour la rentrer. »**
4. « … D'aider dans ce travail pénible. »

Étude 8

Matthieu 11.1-11, 25-30 ; 12.1-14

LE VERSET À RETENIR
Venez à moi, vous tous qui êtes fatigués et chargés, et je vous donnerai du repos. Prenez mon joug sur vous et recevez mes instructions.
(Matthieu 11.28-29a)

LA VÉRITÉ BIBLIQUE
Jésus révèle la vérité sur lui-même et son royaume à ceux qui le cherchent.

LE CŒUR DE L'ÉTUDE
Cette leçon aidera les enfants à apprendre que Jésus a révélé qu'il est le Messie à travers les bonnes œuvres qu'il a faites.

LE CONSEIL PÉDAGOGIQUE
Alors que vous enseignez l'étude biblique, mettez l'accent sur la réponse de Jésus face aux doutes de Jean et de la façon que Dieu se révèle à travers les miracles de Jésus.

LE COMMENTAIRE BIBLIQUE
Les déclarations et les comportements de Jésus étaient souvent inattendus et leurs significations n'étaient pas claires à certains. La façon dont les personnes ont réagi aux méthodes de Jésus typiquement révèle leurs motivations et leurs attitudes envers les choses de Dieu.

Jean-Baptiste a été le plus grand prophète de l'ère de l'ancienne alliance. Il prédit sur le Messie et entendit la voix de Dieu proclamant que Jésus est son fils. Jean était un accomplissement de la prophétie, et il a été obéissant au plan de Dieu pour sa vie. En dépit de cela, Jean avait encore des questions à propos de Jésus.

Jésus a assuré Jean qu'il est le Messie. La preuve de ce fait était disponible pour ceux qui étaient prêts à ajuster leur point de vue sur le Messie. Ceux qui ont cru que Jésus était le Messie ont acquis une nouvelle perspective de Dieu.

Les pharisiens étaient aussi au courant des signes messianiques qui Jésus effectuait. Contrairement à Jean, ils n'étaient pas réceptifs afin d'avoir une compréhension plus profonde de Dieu. La perspective de Jésus sur le sabbat était compatible avec l'Ancien Testament. La perspective des pharisiens sur le sabbat ne l'était pas. Les pharisiens s'aveuglaient eux-mêmes de la compréhension de l'Écriture et de comprendre correctement les méthodes de Jésus. La guérison de la main sèche devrait les avoir convaincus de l'autorité de Jésus. Au contraire, cela les poussa à vouloir le tuer.

LES CARACTÉRISTIQUES DE DIEU
- Jésus a prouvé qu'il est le Messie.
- Jésus se préoccupe de ceux qui sont fatigués.

LES PAROLES DE NOTRE FOI

Un prophète est quelqu'un que Dieu a choisi pour recevoir et transmettre ses messages.

Le sabbat est le jour où Dieu a réservé pour l'adorer et se reposer.

Un joug est une barre en bois qui relie deux animaux afin qu'ils puissent travailler ensemble.

S'humilier est de se concentrer plus sur Dieu et sur les autres que sur soi, et de donner la louange à Dieu pour ce qu'il a fait pour nous.

L'ACTIVITÉ

Vous aurez besoin de ces articles suivants pour cette activité :

- Un tableau noir ou un tableau blanc
- Vingt-cinq morceaux de papier
- La craie ou des marqueurs effaçables à sec

Avant la classe, écrivez Le verset à retenir pour l'étude sur le tableau noir ou le tableau blanc. Utilisez les morceaux de papier pour couvrir chaque mot du verset à retenir. Numérotez chaque morceau de papier en ordre numérique.

Dites : **Aujourd'hui, nous allons révéler Le verset à retenir pour cette étude. J'appellerai quelqu'un pour me dire un certain numéro. J'enlèverai ce numéro du tableau. Après que j'ai enlevé le numéro, nous allons lire les mots révélés. Ensuite, la personne dont j'ai appelé, va nommer un autre membre de la classe. Cette personne choisira un autre numéro.**

Continuez jusqu'à ce que les enfants voient chaque mot. Effacer les mots et laissez les élèves réciter ensemble le verset.

Dites : **Nous avons choisi les mots à révéler dans Le verset à retenir pour cette étude. Dans la leçon d'aujourd'hui, nous apprendrons comment Jésus a révélé sa vraie nature à travers ses miracles.**

LA LEÇON BIBLIQUE

Préparez l'histoire suivante, adapté de Matthieu 11.1-11, 25-30 ; 12.1-14 avant de la raconter aux enfants.

Jésus a enseigné à ses disciples beaucoup de choses sur la façon dont Dieu veut qu'on vive. Jésus et ses disciples se rendirent à Galilée pour enseigner et pour prêcher.

Jean-Baptiste entendu que Jésus était à proximité. Jean envoya ses disciples pour demander à Jésus, « Es-tu celui qui devait venir, ou bien devons-nous en attendre un autre ? »

Jésus dit, « Retournez auprès de Jean et racontez-lui ce que vous entendez et ce que vous voyez : les aveugles voient, les paralysés marchent normalement, les lépreux sont guéris, les sourds entendent, les morts ressuscitent. »

Comme les envoyés s'en allaient, Jésus saisit cette occasion pour parler de Jean-Baptiste à la foule : « Qu'êtes-vous allés voir au désert ? Un roseau, agité çà et là par le vent ? Oui, qui donc êtes-vous allés voir ? Un homme habillé avec élégance ? Généralement, ceux qui sont élégamment vêtus vivent dans les palais royaux. Mais qu'êtes-vous donc allés voir au désert ? Un prophète ? Oui, assurément, et même bien plus qu'un prophète. Il n'en a paru aucun de plus grand que Jean-Baptiste. Et pourtant, le plus petit dans le royaume des cieux est plus grand que lui. »

Jésus parlait de sa relation avec Dieu, le Père. Il dit : « Je te loue, ô Père, Seigneur du ciel et de la terre, parce que tu as dévoilé ta nature à ceux qui sont petits. »

« Père, tu as remis toutes choses entre mes mains. Personne ne connaît le Fils, si ce n'est le Père ; et personne ne connaît le Père, si ce n'est le Fils et celui à qui le Fils veut le révéler. »

Jésus savait que ces personnes étaient parfois fatiguées. Il leur dit : « Venez à moi, vous tous qui êtes accablés sous le poids d'un lourd fardeau, et je vous donnerai du repos. Prenez mon joug sur vous et mettez-vous à mon école, car je suis doux et humble de cœur. Oui, mon joug est facile à porter et la charge que je vous impose est légère. »

Les dirigeants juifs avaient beaucoup de lois concernant le sabbat. À cette époque, un jour de sabbat, Jésus traversait des champs de blé. Comme ses disciples avaient faim, ils se mirent à cueillir des épis pour en manger les grains. Quand les Pharisiens virent cela, ils dirent à Jésus : « Regarde tes disciples : ils font ce qui est interdit le jour du sabbat ! »

Il leur répondit : « Lorsque David et ses compagnons avaient faim, il est entré dans le sanctuaire de Dieu et il a mangé avec eux les pains exposés devant Dieu. Ou bien, le jour du sabbat, les prêtres qui travaillent dans le temple violent la loi sur le sabbat, sans pour cela se rendre coupables d'aucune faute. Or, je vous le dis : il y a ici plus que le temple. Car le Fils de l'homme est maître du sabbat. »

Jésus entra dans la synagogue où il vit un homme paralysé d'une main. Les pharisiens cherchèrent une raison pour accuser Jésus, alors ils demandèrent à Jésus : « A-t-on le droit de guérir quelqu'un le jour du sabbat ? »

Mais il leur répondit : « Supposez que l'un de vous n'ait qu'une seule brebis et qu'un jour de sabbat, elle tombe dans un trou profond. Ne la tirera-t-il pas pour l'en sortir ? Eh bien, un homme a beaucoup plus de valeur qu'une brebis ! Il est donc permis de faire du bien le jour du sabbat. »

Alors il dit à l'homme : « Étends la main ! » Il la tendit et elle redevint saine, comme l'autre. Cela les mit en colère, et ils se concertèrent sur les moyens de faire mourir Jésus.

Encouragez les enfants à répondre aux questions suivantes. Il n'y a pas de bonnes ou de mauvaises réponses. Ces questions aident les enfants à comprendre l'histoire et à l'appliquer dans leurs vies.

1. Pourquoi Jean voulait-il savoir si Jésus était le Messie ? Avez-vous déjà demandé à Dieu de vous aider à connaître ou comprendre quelque chose ? Quelle était la chose ?

2. Jésus montra qu'il est le Messie en faisant des miracles. Quelles sont les autres façons que Jésus utilisait pour démontrer qu'il est le Messie ?

3. Jésus confronta les Pharisiens dans Matthieu 12.1-14. Comment pensez-vous ressentaient les Pharisiens ? Avez-vous déjà été confronté par quelqu'un ? Qu'avez-vous ressenti ?

Dites : **Y-a-t-il des fois dans votre vie où vous êtes confus ? Souvent, les gens sont confus sur la question de qui est Dieu ? Ils peuvent être confus sur comment Dieu** veut qu'ils mènent leur vie. De la même façon, Jean permit à Jésus d'enlever sa confusion sur l'identité de Jésus, Jésus peut nous aider dans notre confusion. Lorsque nous lisons la Bible, prions, et acceptons Jésus comme le Fils de Dieu, pour obtenir une vraie perspective sur qui Dieu est. Nous pouvons également acquérir une meilleure compréhension de la façon dont comment nous devons vivre.

LE VERSET À RETENIR

Pratiquez le verset à retenir de l'étude. Vous trouverez des suggestions pour les activités des versets à retenir aux pages 137 et 138.

LES ACTIVITÉS SUPPLÉMENTAIRES

Choisissez parmi ces options pour améliorer l'étude biblique des enfants.

1. Alors que Jean était en prison, il recevait les encouragements de Jésus. Comme une classe, envisagez comment vous pouvez encourager les gens. Écrivez des messages pour deux personnes dans votre église ou de votre communauté afin de les encourager.

2. Discutez si Dieu accomplit des miracles aujourd'hui. Demandez aux enfants d'avoir un entretien avec quelques adultes afin de découvrir si les adultes sont conscients des miracles que Dieu a faits. Laissez les enfants faire un rapport sur ce qu'ils apprennent.

QUESTIONS À CHOIX MULTIPLES POUR LE NIVEAU DE BASE

Pour préparer les enfants pour ce concours, lisez Matthieu 11.1-11, 25-30 ; 12.1-14.

1 **Qui, en prison, apprit tout ce que Christ a fait ? (11.2)**
1. Pierre et Jacques
2. Jacques et Jean
3. **Jean-Baptiste**

2 **Que fit Jean-Baptiste quand il apprit tout ce que Christ a fait ? (11.2-3)**
1. **Il envoya ses disciples pour parler à Jésus.**
2. Il s'échappa de la prison pour voir Jésus.
3. Il loua Dieu pour tout ce que Jésus a fait.

3 **Quelle est la question que demandèrent les disciples de Jean à Jésus ? (11.3)**
1. « Quand mourras-tu pour nous sur la croix ? »
2. **« Es-tu celui qui devait venir, ou bien devons-nous en attendre un autre ? »**
3. Les réponses ci-dessus sont correctes.

4 **D'après Jésus, quelle prophétie de l'Ancien testament parle de Jean-Baptiste ? (11.10)**
1. « Je ferai de lui un grand prophète. »
2. **« J'enverrai mon messager au devant de toi. »**
3. « Un jour, il portera des vêtements riches. »

5 Quelle invitation Jésus a-t-il donnée aux gens ? (11.28)

1. « Venez à moi vous tous qui êtes pauvres et je pourvoirai à vos besoins. »
2. « Venez à moi, vous tous qui êtes affamés, et je vous rassasierez. »
3. **« Venez à moi, vous tous qui êtes accablés sous le poids d'un lourd fardeau, et je vous donnerai du repos. »**

6 Qu'est-ce que Jésus dit à propos de son joug et la charge ? (11.30)

1. **« Mon joug est facile à porter et la charge que je vous impose est légère. »**
2. « Mon joug et mon fardeau sont parfaits pour tout le monde. »
3. « Mon joug et mon fardeau vous rendront forts. »

7 Que firent les disciples de Jésus un jour de sabbat ? (12.1)

1. **Ils cueillirent des épis et ils en mangèrent.**
2. Ils transformèrent des cailloux en pain.
3. Ils allèrent au lac pour pêcher.

8 Qui Jésus dit-il est le maître du sabbat ? (12.8)

1. Dieu le Père.
2. Les anges du paradis
3. **Le Fils de l'homme**

9 Lorsque Jésus alla à la synagogue, quelle personne spéciale y était ? (12.9-10)

1. Le grand prêtre de Jérusalem
2. **L'homme avec la main paralysée**
3. La femme qui était aveugle pendant douze ans.

10 Comment Jésus répondit-il à la question des pharisiens à propos de la guérison le jour du sabbat ? (12.10, 12)

1. « Je ne guéris jamais le jour du sabbat. »
2. « Parfois, il est juste de guérir le jour du sabbat. »
3. **« Il est donc permis de faire du bien le jour du sabbat. »**

QUESTIONS À CHOIX MULTIPLES POUR LE NIVEAU AVANCÉ

Pour préparer les enfants pour ce concours, lisez Matthieu 11.1-11, 25-30 ; 12.1-14.

1 Où était Jean-Baptiste lorsqu'il apprit tout ce que Christ a fait ? (11.2)

1. **En prison**
2. Dans le tribunal d'Hérode
3. Dans le désert
4. Dans la maison de ses parents

2 Laquelle de ces réponses Jésus donna-t-il aux disciples de Jean pour lui en rendre compte ? (11.4-5)

1. « Les aveugles voient. »
2. « Les lépreux sont guéris. »
3. « Les morts ressuscitent, et la Bonne Nouvelle est annoncée aux pauvres. »
4. **Toutes les réponses ci-dessus sont correctes.**

3 Comment Jésus décrit-il Jean-Baptiste ? (11.11)

1. « Il est le meilleur ami qu'on souhaite en avoir. »
2. **« Parmi tous les hommes qui sont nés d'une femme, il n'en a paru aucun de plus grand que Jean-Baptiste. »**
3. « Je suis un prophète, mais Jean est plus qu'un prophète. »
4. Toutes les réponses ci-dessus sont correctes.

4 Quelle chose Jésus invita-t-il aux gens de faire ? (11.29)

1. De raconter des paraboles.
2. **Prendre son joug et se mettre à son école**
3. De monter sur un âne.
4. Toutes les réponses ci-dessus sont correctes.

5 Qui cueillirent des épis et mangèrent les grains le jour du sabbat ? (12.1)

1. Jésus et ses disciples
2. Jésus et une foule de gens
3. **Les disciples de Jésus**
4. Les disciples et leurs épouses.

6 Que dirent les pharisiens à Jésus lorsque ses disciples cueillirent les épis et mangèrent les grains le jour du Sabbat ? (12.2)

1. **« Tes disciples font ce qui est interdit le jour du sabbat ! »**
2. « Tes disciples ont beaucoup de sagesse. »
3. « Tes disciples ont violé les lois de notre nation. »
4. « Tes disciples ne doivent pas trop manger. »

7 Que dit Jésus lorsque les pharisiens dirent que ses disciples ont brisé le sabbat ? (12.3-8)

1. « David mangea le pain exposé devant Dieu qui était réservé uniquement aux prêtres. »
2. « Les prêtres violent la loi sur le sabbat mais se rendent coupables d'aucune faute. »
3. « Il y a ici plus que le Temple. »
4. **Toutes les réponses ci-dessus sont correctes.**

8 Que fit Jésus pour l'homme paralysé d'une main ? (12.13)

1. **Il la guérit quand l'homme étend sa main.**
2. Il étira sa main à la longueur normale.
3. Il pria pour l'homme, et il guérit sa main.
4. Il refusa de faire quelque chose car c'était le sabbat.

9 Après que Jésus eut guérit l'homme paralysé d'une main, que firent les pharisiens ? (12.14)

1. Ils louèrent Dieu.
2. Ils remercièrent Jésus pour son miracle.
3. **Ils se concertèrent sur les moyens de faire mourir Jésus.**
4. Ils réprimandèrent Jésus furieusement.

10 Complétez ce verset : « Venez à moi, vous tous qui êtes accablés sous le poids d'un lourd fardeau… » (11.28-29a)

1. « … et je vous donnerai la paix. Apprenez de mes enseignements. »
2. « … et je vous donnerai du repos. Venez quand vous en avez besoin. »
3. « … et vous trouverez du repos pour vos âmes. »
4. **« … prenez mon joug sur vous et mettez-vous à mon école. »**

LE VERSET À RETENIR

Cherchez premièrement le royaume et la justice de Dieu ; et toutes ces choses vous seront données par-dessus.
(Matthieu 6.33)

LA VÉRITÉ BIBLIQUE

Dieu veut que nous comprenions son royaume, et Jésus utilisa les paraboles pour enseigner ces vérités.

LE CŒUR DE L'ÉTUDE

Dans cette leçon, les enfants apprendront que Jésus compara le royaume des cieux à plusieurs choses afin que nous puissions mieux le comprendre.

LE CONSEIL PÉDAGOGIQUE

En enseignant l'étude biblique, aidez les enfants à comprendre la différence entre les différents types de terre. En tant que classe, trouvez des exemples sur comment une personne de chaque catégorie pourrait vivre et agir.

Étude 9

Matthieu 13.1-23, 31-35, 44-46, 53-58

LE COMMENTAIRE BIBLIQUE

Les disciples demandèrent à Jésus pourquoi enseignait-il en paraboles. Les paraboles étaient de bonnes illustrations du royaume. Mais quelques personnes ne comprenaient pas leurs significations. Plusieurs de ceux qui entendirent Jésus étaient des trouble-fêtes têtus qui critiquaient tout le monde. Ils entendirent ses paroles et virent ses miracles, mais en réalité, ils ne pouvaient ni entendre ni voir ce qui Jésus est réellement.

Bien des fois, les disciples ne comprenaient pas les paraboles. Cependant, contrairement à ceux qui étaient spirituellement aveugles et sourds, les disciples portaient attention, et ils demandèrent ce que signifiaient les paraboles. Les disciples s'intéressaient réellement à Jésus, et ils voulaient lui obéir. Les disciples ont voulu connaître Dieu et mieux comprendre Jésus.

Jésus veut que nous cherchions avec diligence à comprendre qui il est. Il veut que nous lui obéissions. Il veut que toute personne appartienne au royaume de Dieu.

LES CARACTÉRISTIQUES DE DIEU

- Dieu nous donne la Bible pour nous aider à comprendre comment nous devons lui obéir.

LES PAROLES DE NOTRE FOI

Une parabole est une histoire qui utilise des éléments familiers pour donner une leçon particulière. Jésus a utilisé **les paraboles** pour expliquer les idées sur Dieu ou son royaume.

L'ACTIVITÉ

Vous aurez besoin de ces articles suivants pour cette activité :

- Des morceaux de papier (deux fois plus que le nombre d'enfants dans votre classe)
- Un stylo, un crayon ou un marqueur

Avant la classe, écrivez certains éléments que les enfants considèrent précieux sur des morceaux de papier. Incluez certains éléments tels que la nourriture, un abri, Dieu et la famille. Pliez les morceaux de papier en deux.

Pendant la classe, instruisez les enfants à s'asseoir en cercle, et demandez à chaque enfant de choisir un morceau de papier. Chaque enfant peut choisir de conserver son morceau de papier ou de l'échanger afin de peut-être recevoir un morceau de papier avec quelque chose potentiellement plus précieux. Laissez les enfants ouvrir les documents et lire les mots sur eux. Discuter la valeur de chaque élément ou de chaque personne.

Dites : **Sur quelle chose dépenseriez-vous tout votre argent ? Que feriez-vous pour mettre cette chose en sécurité ?**

Lisez Matthieu 13.44-46 aux enfants. Dites : **Qu'est-ce que les personnes on fait dans l'histoire avec leurs objets de valeur ? Que pensez-vous que Jésus signifiait quand il a comparé ces éléments avec le royaume des cieux ?** (Le royaume des cieux est tellement précieux que nous devons renoncer à tout pour le recevoir).

LA LEÇON BIBLIQUE

Préparez l'histoire suivante, adaptée de Matthieu 13.1-23, 31-35, 44-46 et 53-58 avant de la raconter aux enfants.

Jésus était assis au bord du lac, comme il parlait au peuple. De grandes foules se rassemblèrent autour de lui sur le rivage, donc il monta dans une barque et s'assit à bord pour enseigner. Il raconta aux gens beaucoup de choses en paraboles. Une parabole est une histoire qui utilise des éléments familiers pour donner une leçon spirituelle.

Jésus dit : « Un semeur sortit pour semer. Des grains tombèrent au bord du chemin ; les oiseaux vinrent et les mangèrent. D'autres tombèrent sur un sol rocailleux où se trouvant qu'une mince couche de terre. Les plantes séchèrent rapidement parce que la terre n'était pas profonde. D'autres grains tombèrent parmi les ronces. Celles-ci grandirent et étouffèrent les jeunes pousses. D'autres grains enfin tombèrent sur la bonne terre et donnèrent du fruit avec un rendement de cent, soixante, ou trente pour un. » Puis Jésus dit : « Celui qui a des oreilles, qu'il entende ! »

Alors ses disciples demandèrent à Jésus pourquoi se sert-il des paraboles pour parler aux foules. Jésus dit : « Ils écoutent mais ne comprennent pas. Leurs cœurs sont devenus insensibles. » Jésus dit aux disciples qu'ils sont heureux parce qu'ils voient, entendent, et comprennent.

Puis, Jésus expliqua la parabole du semeur. « Chaque fois que quelqu'un entend le message qui concerne le royaume et ne le comprend pas, le diable vient arracher ce qui a été semé dans son cœur. Tel est celui qui a reçu la semence au bord du chemin. La semence qui tomba sur le sol rocailleux est comme celui qui entend la parole et l'accepte aussitôt avec joie. Mais, comme une plante sans racine, quand surviennent des difficultés ou la persécution à cause de la parole, le voilà qui abandonne tout. La semence qui tombe parmi les ronces est comme celui qui écoute la parole, mais en qui elle ne porte pas de

fruit parce qu'elle est étouffée par les soucis de ce monde. Enfin, celui qui écoute la parole et la comprend et la permet de croître et de faire une différence, est comme la semence qui tombe sur la bonne terre. »

Puis, Jésus leur raconta une autre parabole. Il dit, « Le royaume des cieux ressemble à une graine de moutarde qu'un homme a prise pour la semer dans son champ. C'est la plus petite de toutes les semences ; mais quand elle a poussé, elle dépasse les autres plantes du potager et devient un arbuste, si bien que les oiseaux du ciel viennent nicher dans ses branches. »

« Le royaume des cieux est semblable aussi au levain qui se mélange à la farine et lève la pâte. »

Jésus enseigna toutes ces choses aux foules en employant des paraboles, et il ne leur parlait pas sans paraboles.

Jésus dit, « Le royaume des cieux ressemble à un trésor enfoui dans un champ. Un homme le découvre : il le cache de nouveau, s'en va, débordant de joie, vend tout ce qu'il possède et achète ce champ. Voici à quoi ressemble encore le royaume des cieux : un marchand cherche de belles perles. Quand il en a trouvé une de grande valeur, il s'en va vendre tout ce qu'il possède et achète cette perle précieuse. »

Après que Jésus eut terminé ces paraboles, il retourna dans son village pour enseigner ses concitoyens. Ils s'étonnèrent de sa sagesse et son pouvoir. Cependant, pour eux, il n'était que le fils de Marie et de Joseph. Alors Jésus leur dit : « C'est seulement dans sa patrie et dans sa propre famille que l'on refuse d'honorer un prophète. » Aussi ne fit-il là que pour peu de miracles, à cause de leur incrédulité.

Encouragez les enfants à répondre aux questions suivantes. Il n'y pas de bonnes ou de mauvaises réponses. Ces questions aident les enfants à comprendre l'histoire et à l'appliquer à leurs vies.

1. Comment la parabole du semeur communique-t-elle à votre vie et de la façon dont vous réagissez envers Dieu ? Quel type de sol êtes-vous ?

2. Comment est le royaume des cieux comparable à la levure et la graine de moutarde ?

3. Pourquoi Jésus n'était-il pas accepté dans sa ville ? Ne pensez-vous pas que cela arrive aujourd'hui aux ministres ou d'autres personnes ? Partagez des exemples que vous avez.

Dites : **Jésus utilisait les paraboles pour enseigner aux gens sur son royaume. Les paraboles utilisèrent les exemples et les éléments que le peuple connaissait. Afin que les gens comprennent le sens profond, leur esprit doit recevoir la leçon que Jésus leur enseignait.**

La parole de Dieu se propagera partout dans le monde. Tout le monde va faire le choix de croire ou de ne pas croire. Jésus veut que nous choisissions de le suivre. Quel choix avez-vous fait ?

LE VERSET À RETENIR
Pratiquez le verset à retenir. Vous trouverez des suggestions pour les activités des versets à retenir aux pages 137 et 138.

LES ACTIVITÉS SUPPLÉMENTAIRES
Choisissez parmi ces options pour améliorer l'étude biblique des enfants.

1. En tant que classe, semez quelques haricots ou graines de gazon. Pendant que vous plantez les graines, posez ces questions : **De quoi est-ce qu'une plante a-t-elle besoin pour grandir ? Pourquoi Jésus compare-t-il le royaume des cieux à des semences qui sont tombées dans les différents types de terre ?** Ensemble, prenez soin des semences jusqu'à ce qu'elles germent et deviennent une plante. Après que la plante eut poussée, encouragez les enfants à montrer la plante à quelqu'un et de raconter à la personne la parabole des semences.

2. Recherchez l'importance d'une graine de moutarde. Demandez : **Combien pouvez-vous récolter d'une plante provenant d'une graine de moutarde ? Pourquoi Jésus compare-t-il le royaume des cieux à une graine de moutarde ?** Recherchez également l'importance de la levure. Essayez de suivre une recette de pain de levure deux fois, une fois avec de la levure, une fois sans levure. Demandez : **quelle est la différence et la similitude entre les deux lots de pain ? Pourquoi Jésus comparaît le royaume des cieux à la levure ?**

QUESTIONS À CHOIX MULTIPLES POUR LE NIVEAU DE BASE

Pour préparer les enfants à ce concours, lisez Matthieu 13.1-23, 31-35, 44-46, 53-58.

1 Qui est sorti pour semer ? (13.3)

1. La femme du semeur
2. **Le semeur**
3. Le semeur et son fils

2 Qu'est-il arrivé aux grains qui tombèrent au bord du chemin ? (13.4)

1. Les gens la piétinèrent.
2. **Les oiseaux les mangèrent.**
3. Les réponses ci-dessus sont correctes.

3 Qu'est-il arrivé aux grains qui tombèrent parmi les ronces ? (13.7)

1. Les ronces mangèrent les plantes.
2. Les ronces et les graines poussèrent bien ensemble.
3. **Les ronces étouffèrent les jeunes pousses.**

4 Qu'est-il arrivé aux grains qui tombèrent sur la bonne terre ? (13.8)

1. Ils donnèrent du fruit avec un rendement de deux fois la semence.
2. **Ils donnèrent du fruit avec un rendement de cent, soixante, ou trente fois la semence.**
3. Ils donnèrent du fruit avec un rendement de 300 fois la semence.

5 Pourquoi Jésus disait-il qu'il enseignait à la foule en paraboles ? (13.15)

1. Ils ne comprenaient pas les histoires réelles.
2. Ils aimaient les paraboles.
3. **Les cœurs étaient devenus insensibles.**

6 Les grains qui tombèrent sur la bonne terre donnèrent du fruit avec un rendement abondant. Qu'est-ce que cela signifie ? (13.8, 23)

1. **La personne qui écoute la parole de Dieu et la comprend.**
2. La personne qui utilise les pouvoirs magiques.
3. Les réponses ci-dessus sont correctes.

7 Qu'arrive-t-il à la graine de moutarde quand on la sème ? (13.32)

1. Elle sèche et périt car elle est sans racine.
2. Elle pousse en une petite plante.
3. **Elle devient un arbuste, si bien que les oiseaux du ciel viennent nicher dans ses branches.**

8 Que fit un homme quand il découvre un trésor enfoui dans un champ ? (13.44)

1. Il le cache de nouveau.
2. Il vend tout ce qu'il possède, et il achète le champ où se trouvait le trésor.
3. **Les réponses ci-dessus sont correctes.**

9 Que fit Jésus quand il retourna dans sa ville ? (13.54)

1. **Il enseigna ses concitoyens dans la synagogue.**
2. Il vendit tous ses biens et donna l'argent à la synagogue.
3. Il se disputa ave le prêtre de la synagogue.

10 Qu'est-ce que les gens de sa ville pensent de ce que Jésus enseignait ? (13.54, 57)

1. Ils étaient étonnés.
2. Ils trouvaient en lui un obstacle à la foi.
3. **Les réponses ci-dessus sont correctes.**

QUESTIONS À CHOIX MULTIPLES POUR LE NIVEAU AVANCÉ

Pour préparer les enfants à ce concours, lisez Matthieu 13.1-23, 31-35, 44-46, 53-56.

1 Jésus utilisait des histoires pour enseigner aux foules. Quel genre d'histoires utilisait-il ? (13.3)

1. **Des paraboles**
2. Des contes de fées
3. Des leçons d'histoires vraies
4. Des histoires réelles sur les disciples.

2 Quels grains levèrent rapidement parce que la terre n'était pas profonde ? (13.5)

1. **Les grains qui tombèrent sur le sol rocailleux.**
2. Les grains qui tombèrent sur la bonne terre.
3. Les grains qui tombèrent au bord du chemin.
4. Les grains qui tombèrent parmi les ronces.

3 Qui est semblable à la semence qui tomba parmi les ronces ? (13.22)

1. **Celui qui écoute la parole, mais en qui elle ne porte pas de fruit parce qu'elle est étouffée par les soucis de ce monde et par l'attrait trompeur des richesses.**
2. Celui qui est si paresseux qu'il ne peut déraciner les mauvaises herbes de son champ.
3. Celui qui n'a pas assez d'argent pour prendre bon soin de son champ.
4. Toutes les réponses ci-dessus sont correctes.

4 Que représente la semence qui tomba sur la bonne terre ? (13.23)

1. Ceux qui ont une bonne vie et font de bonnes œuvres.
2. Ceux qui sont 100, 60, ou 30 fois mieux que les autres personnes.
3. Ceux dont la bonté est égale à la bonté de Dieu.
4. **Ceux qui écoutent la parole de Dieu, la comprennent, et qui portent du fruit pour Dieu.**

5 A quoi Jésus compare-t-il le royaume des cieux ? (13.31, 33)

1. Une graine de moutarde et un grain de maïs.
2. **Une graine de moutarde et la levure.**
3. La farine et la levure.
4. Le sel et le poivre.

6 Que fit l'homme qui découvre un trésor enfoui dans un champ ? (13.44)

1. **Il le cacha de nouveau, vendit tout ce qu'il possédait, et acheta ce champ.**
2. Il le déterra et le prit.
3. Il acheta le trésor de l'homme qui possédait le champ.
4. Il le laissa dans le champ parce qu'il il ne lui appartenait pas.

7 Comment les concitoyens réagirent-ils quand Jésus enseigna dans sa ville ? (13.54, 57)

1. Ils étaient étonnés et lui ont demandé de parler de nouveau.
2. **Ils étaient étonnés et trouvaient en lui un obstacle à la foi.**
3. Ils étaient offensés, et ils essayèrent de le tuer.
4. Ils l'appelèrent « un prophète sans honneur. »

8 Qu'est-ce que les concitoyens de sa ville dirent-ils à propos de Jésus ? (13.55-56)

1. N'est-il pas le fils du charpentier ?
2. N'est-il pas le frère de Jacques, de Joseph, de Simon et de Jude !
3. D'où a-t-il reçu tout cela ?
4. **Toutes les réponses ci-dessus sont correctes.**

9 Pourquoi Jésus ne faisait-il que peu de miracles dans sa ville ? (13.58)

1. **À cause de leur incrédulité.**
2. Les gens ne voulaient pas de miracles.
3. À cause de leurs cœurs insensibles.
4. Il n'y avait pas de temps pour faire des miracles.

10 Complétez ce verset : « Faites donc du règne de Dieu et de ce que qui est juste à ses yeux… » (6.33)

1. « … et Dieu exaucera toutes vos prières. »
2. « … et vous deviendrez une personne juste. »
3. **« … et toutes ces choses vous seront données en plus. »**
4. « … et vous aurez une vie prospère dans le domaine de Dieu, votre Dieu vous a promis. »

Étude 10

Matthieu 14.1-36

LE VERSET À RETENIR
Remets ton sort à l'Éternel, et il te soutiendra, il ne laissera jamais chanceler le juste.
(Psaume 55.23)

LA VÉRITÉ BIBLIQUE
Parce que Jésus se soucie de nous, nous pouvons avoir confiance en lui.

LE CŒUR DE L'ÉTUDE
Cette étude aidera les enfants à apprendre que Jésus se soucie de nous. À cause de cela, il mérite notre confiance.

LE CONSEIL PÉDAGOGIQUE
Lorsque vous dirigez l'étude biblique, mettez l'accent sur la manière dont les miracles de Jésus montrent son souci pour les personnes. Jésus a pris soin des gens malgré son propre épuisement et son besoin d'être seul.

LE COMMENTAIRE BIBLIQUE
Quand Jésus a été informé de la mort de Jean-Baptiste, il s'est retiré à l'écart dans un lieu désert. Jésus a probablement voulu passer du temps avec Dieu dans la prière et pleurer la mort de Jean. Cependant, lorsque Jésus est arrivé dans cet endroit il a vu une foule qui l'attendait. Jésus a ressenti de la compassion envers eux.

Jésus a dit aux disciples de nourrir les gens. Les disciples n'avaient pas assez de nourriture pour tout le monde. Ils ont présenté leurs maigres ressources à Jésus en obéissance à sa demande. Jésus a loué Dieu quand il a fourni les pains et les poissons et il les a séparés en morceaux. Jésus a retourné les morceaux aux disciples qui les ont servis à la foule. Il y avait assez de nourriture pour tous, avec une abondance qui restait.

LES CARACTÉRISTIQUES DE DIEU
- Jésus se soucie de nous et il peut combler nos besoins.
- Jésus est digne de notre confiance.

LES PAROLES DE NOTRE FOI

La compassion est une pitié qui nous pousse à aider les autres.

Le roi Hérode était Hérode Antipas. Il était le demi-frère du roi Philippe.

Jean-Baptiste était un homme qui a préparé la voie pour Jésus. Il a prêché à propos du besoin de se repentir.

Hérodias était l'ancienne femme du roi Philippe. Elle s'est mariée avec Hérode Antipas.

Génésareth était une plaine étroite d'à peu près 6,5km de long et 3km de largeur sur la côte nord-est de la mer de Galilée.

Un serment est une promesse.

Un endroit désert est un lieu où quelqu'un va pour être seul.

L'ACTIVITÉ

Vous aurez besoin de ces articles suivants pour cette activité :

- Une petite chaise
- Un bandeau
- Deux adultes qui se portent volontaires

Avant que la classe ne commence, expliquez les règles aux adultes qui se sont portés volontaires. Les volontaires tiendront une chaise entre eux. Gardez la chaise à environ 15 centimètres au dessus du sol. Un étudiant avec un bandeau s'assiéra sur la chaise et posera ses mains sur les épaules des adultes. Les adultes feront semblant de lever la chaise en l'air. Les adultes garderont la chaise à la même place mais se mettront à genoux. L'étudiant aura la sensation qu'il ou elle est dans l'air.

Dites : **Quand Jésus a marché sur l'eau, il a invité Pierre à le suivre. Pierre ne savait pas ce qu'il allait se passer, mais il a suivi Jésus. Maintenant tu feras un acte de foi ! Lève-toi de la chaise et pose pied sur terre !** Soyez prêts à attraper l'enfant au cas où il ou elle trébuche.

Dites : **Pierre a été apeuré quand il a vu les vagues autour de lui. Il a oublié que Jésus prendrait soin de lui. Aujourd'hui nous apprendrons comment Jésus prend soin de nous tous.**

LA LEÇON BIBLIQUE

Préparez l'histoire suivante, adaptée de Matthieu 14.1-36 avant de la raconter aux enfants.

Hérode entendit parler des choses miraculeuses que Jésus avait faites. Il dit : « Cet homme, c'est sûrement Jean-Baptiste : le voilà ressuscité des morts ! »

Hérode dit cela parce qu'il avait auparavant ordonné d'arrêter Jean, l'avait fait enchaîner et jeter en prison. Il emprisonna Jean pour plaire à Hérodias, la femme de Philippe, son demi-frère. Hérodias n'aimait pas Jean parce que Jean disait à Hérode : « Tu n'as pas le droit de prendre Hérodias pour femme. » Hérode cherchait donc à le faire mourir. Mais il craignait la foule, car elle considérait Jean-Baptiste comme un prophète.

Le jour de l'anniversaire d'Hérode, la fille d'Hérodias exécuta une danse devant les invités. Hérode était sous son charme, aussi lui promit-il de lui donner tout ce qu'elle demanderait.

Hérodias dit à sa fille de demander la tête de Jean-Baptiste sur un plat. Cette demande attrista le roi. Mais il donna l'ordre de la lui accorder. Il envoya le bourreau décapité Jean-Baptiste. La tête du prophète fut apportée sur un plat et remise à la jeune fille et sa mère. Les disciples de Jean-Baptiste vinrent prendre son corps pour l'enterrer, puis ils allèrent informer Jésus de ce qui s'était passé.

Quand Jésus entendit la nouvelle, il se retira, à l'écart, dans un endroit désert. Mais les foules l'apprirent ; elles le suivirent à pied. Jésus vit la foule nombreuse et guérit les malades.

Le soir venu, les disciples s'approchèrent de lui et lui dirent : « Cet endroit est désert et il se fait tard ; renvoie donc ces gens pour qu'ils aillent dans les villages voisins s'acheter de la nourriture. »

Jésus leur dit : « Ils n'ont pas besoin d'y aller : donnez-leur vous-mêmes à manger. »

Les disciples dirent : « Nous n'avons ici que cinq pains et deux poissons. »

Jésus dit : « Apportez-les moi. » Il ordonna à la foule de s'asseoir sur l'herbe, puis il prit les cinq pains et les deux poissons, il leva les yeux vers le ciel et prononça la prière de bénédiction ; ensuite, il partagea les pains et en donna les morceaux aux disciples qui les distribuèrent à la foule. Tout le monde mangea à satiété. On ramassa les morceaux qui restaient ; on en remplit douze paniers. Ceux qui avaient mangé étaient au nombre de cinq mille hommes, sans compter les femmes et les enfants.

Jésus pressa ses disciples de remonter dans la barque pour qu'ils le précèdent de l'autre côté du lac. Il a renvoyé la foule puis il gravit une colline pour prier à l'écart. La barque était loin de terre et luttait péniblement contre les vagues, car le vent était contraire.

Tôt le matin, Jésus se dirigea vers ses disciples en marchant sur les eaux du lac. Les disciples crurent que Jésus était un fantôme et ils furent pris de frayeur. Jésus leur dit : « Rassurez-vous, c'est moi, n'ayez pas peur.

— Pierre lui dit : « Si c'est bien toi, Seigneur, ordonne-moi de venir te rejoindre sur l'eau.

— Viens, lui dit Jésus. »

Pierre descendit de la barque et se mit à marcher sur l'eau, en direction de Jésus. Mais quand il remarqua combien le vent soufflait fort, il prit peur et, comme il commençait à s'enfoncer, il s'écria : « Au secours ! Seigneur ! »

Immédiatement, Jésus lui tendit la main et le saisit. Jésus lui dit : « Ta foi est bien faible ! Pourquoi as-tu douté ? »

Quand ils montèrent tous deux dans la barque le vent tomba. Les disciples dirent : « Tu es vraiment le Fils de Dieu. »

Après avoir traversé le lac, Jésus et les disciples touchèrent terre à Génésareth. Quand les habitants du lieu eurent reconnu Jésus, ils firent prévenir tout le voisinage, et on lui amena tous les malades. Et tous ceux qui le touchaient étaient guéris.

Encouragez les enfants à répondre aux questions suivantes. Il n'y a pas de bonnes et de mauvaises réponses. Ces questions aideront les enfants à comprendre l'histoire et à l'appliquer à leurs vies.

1. Comment pensez-vous que Jésus s'est senti quand il a appris que Jean était mort ? Est-ce que quelqu'un que vous aimiez est mort ? Pourquoi est-ce que Jésus avait besoin de prier après cela ?

2. Jésus a nourri une grande foule de personnes avec seulement cinq pains et deux poissons. Comment est-ce que vous pensez que la foule s'est sentie quand ils ont vu ce miracle ? Avez-vous déjà vu quelque chose de miraculeux ? Comment est-ce que vous vous êtes senti ?

3. Pourquoi est-ce que Jésus a invité Pierre de le suivre sur l'eau ? Avez-vous déjà senti que Dieu vous a demandé de faire quelque chose de difficile ? Comment vous êtes-vous senti à propos de cela ?

Dites : **Comment est-ce que vous savez si quelqu'un se soucie de vous ou vous aime ? Comment est-ce que les gens montrent leur amour et leur soucie pour les autres ?** Les gens montrent leur amour pour les autres en partageant avec eux. Ils montrent aussi qu'ils aiment les autres quand ils passent du temps avec eux. Dans nôtre leçon d'aujourd'hui, Jésus a montré qu'il aimait les gens par ses actes de compassion. Il a guéri les malades et il a nourri ceux qui avaient faim.

Au milieu des tensions de la vie, Jésus vient à nous avec son amour et sa compassion. Jésus nous tend le bras comme il a tendu le bras à Pierre. Jésus aime chacun de nous et il veut ce qui est meilleur pour nos vies. Il veut que nous lui fassions confiance.

LE VERSET À RETENIR

Pratiquez le verset à retenir de l'étude. Vous trouvez quelques suggestions des versets à retenir aux pages 137 et 138.

LES ACTIVITÉS SUPPLÉMENTAIRES

Choisissez parmi ces options pour améliorer l'étude biblique des enfants.

1. En tant que classe, faites des recherches sur la mer de Galilée. Comment était-elle importante pendant les temps de Jésus ? Comment est-elle importante maintenant ?

2. Pierre a suivi Jésus sur l'eau. En tant que classe, cherchez d'autres moments qui montrent ce côté impétueux de Pierre. Quelques pages suggérés sont Matthieu 16.13-20 ; 26.31-35, 50-51 ; et Jean 13.6-8. Comment est-ce que le temps que Pierre a passé avec Jésus a changé Pierre ?

QUESTIONS À CHOIX MULTIPLES POUR LE NIVEAU DE BASE

Pour préparer les enfants à ce concours, lisez Matthieu 14.1-36.

1. Qu'a fait Hérode à Jean-Baptiste ? (14.1, 3)
1. Il l'a arrêté et l'a fait battre.
2. Il s'est disputé avec lui à propos de Hérodiade.
3. **Il l'a arrêté et l'a jeté en prison.**

2. Qu'a fait la fille d'Hérodias pour Hérode le jour de son anniversaire ? (14.6)
1. Elle a chanté pour lui.
2. **Elle a dansé pour lui.**
3. Elle a cuisiné pour lui.

3. Pourquoi est-ce que Hérode a donné son accord pour donner la tête de Jean Baptiste à la fille d'Hérodias sur un plat ? (14.9)
1. **À cause de son serment et de ses invités**
2. Parce qu'il était content de se débarrasser de Jean
3. Parce qu'il aimait la fille d'Hérodias

4. Que s'est-il passé quand Jésus a vu la foule nombreuse qui l'avait suivi jusqu'à l'endroit désert ? (14.14)
1. Il a été pris de pitié pour elle.
2. Il a guéri les malades.
3. **Les réponses ci-dessus sont correctes.**

5. Quand le soir est venu, qu'est-ce que les disciples de Jésus lui ont dit de faire ? (14.15)
1. **« Renvoie ses gens pour qu'ils achètent de la nourriture. »**
2. « Nourris la foule avec cinq pains et deux poissons. »
3. Les réponses ci-dessus sont correctes.

6 Qu'a fait Jésus avant qu'il a partagé les cinq pains ? (14.19)

1. Il a montré les pains à la foule.
2. **Il a levé les yeux vers le ciel et a prononcé la prière de bénédiction.**
3. Les réponses ci-dessus sont correctes.

7 Combien de personnes ont mangé les cinq pains et deux poissons ? (14.21)

1. 5 000 personnes
2. **5 000 hommes sans compter les femmes et les enfants**
3. Les disciples de Jésus et quelques femmes et enfants

8 Quand Jésus marchait sur l'eau, qu'a Pierre demandé à Jésus de faire ? (14.28)

1. « Montre-moi comment marcher sur l'eau. »
2. « Monte dans le bateau et sauve-nous. »
3. **« Ordonne-moi de venir te rejoindre sur l'eau. »**

9 Quand Pierre a vu le vent, que s'est-il passé ? (14.30)

1. **Il a été pris de peur et a commencé à s'enfoncer.**
2. Il a essayé de voler à travers le vent.
3. Il a élevé les mains.

10 Quand Jésus est arrivé à Génésareth, qu'ont fait les gens ? (14.35-36)

1. Ils ont apporté leurs malades et les ont laissés avec Jésus.
2. **Ils ont supplié Jésus de laisser les personnes malades toucher la frange de son vêtement.**
3. Les réponses ci-dessus sont correctes.

QUESTIONS À CHOIX MULTIPLES POUR LE NIVEAU AVANCÉ

Pour préparer les enfants à ce concours, lisez Matthieu 14.1-36.

1 Pourquoi est-ce que Hérode n'a pas tué Jean-Baptiste quand il voulait le faire pour la première fois ? (14.5)

1. **Il craignait la foule, car elle considérait Jean-Baptiste comme un prophète.**
2. Il voulait une opportunité pour parler avec Jean.
3. Il voulait attendre un bon moment.
4. Il aimait secrètement les prédications de Jean.

2 Qu'est-ce que la fille d'Hérodias a demandé à Hérode ? (14.8)

1. D'être la reine d'Hérode
2. De se marier avec Jean-Baptiste
3. De l'or et des joyaux pour elle-même
4. **La tête de Jean-Baptiste sur un plat**

3 A qui est-ce que la fille d'Hérodias a apporté la tête de Jean-Baptiste ? (14.11)

1. Hérode
2. Les disciples de Jean
3. **Sa mère**
4. Jésus

4 Quelle quantité de nourriture est-ce que les disciples avaient ? (14.17)

1. **Cinq pains et deux poissons**
2. Deux pains et cinq poissons
3. Quatre pains et trois poissons
4. Sept pains et trois poissons

5 Qu'a fait Jésus avant de partager le pain ? (14.19)
1. Il a dit à la foule de s'asseoir sur l'herbe.
2. Il s'est levé les yeux vers le ciel.
3. Il a prononcé la prière de bénédiction.
4. **Toutes les réponses ci-dessus sont correctes.**

6 Après que Jésus avait nourri les 5 000 hommes, qu'est-ce qu'il a fait ? (14.23)
1. Il est monté dans une barque pour aller à l'autre côté d'un lac.
2. Il est allé plus loin dans le désert pour prier.
3. **Il a gravi une colline pour prier à l'écart.**
4. Il est allé dans le village le plus proche pour dormir.

7 Qu'a dit Jésus à ses disciples apeurés qui l'ont vu marcher sur l'eau ? (14.27)
1. **« Rassurez-vous, c'est moi, n'ayez pas peur. »**
2. « N'ayez pas peur. Venez sur l'eau avec moi. »
3. « Rassurez-vous, les vents se calmeront bientôt. »
4. Toutes les réponses ci-dessus sont correctes.

8 Pourquoi est-ce que Pierre a commencé à s'enfoncer quand il allait vers Jésus sur l'eau ? (14.30)
1. Il a vu un fantôme.
2. **Il a vu le vent et il a eu peur.**
3. Les disciples criaient dans sa direction.
4. Il ne voyait pas Jésus.

9 Qu'est-ce que les gens de Génésareth ont fait quand Jésus a touché terre dans leur village ? (14.34-35)
1. Ils ont reconnu Jésus.
2. Ils ont fait prévenir tout le voisinage.
3. Ils ont apporté leurs malades à Jésus.
4. **Toutes les réponses ci-dessus sont correctes.**

10 Terminez ce verset : « Remets ton sort à l'Éternel... » (Psaume 55.23)
1. « ... et il te soutiendra ; il ne lassera le juste manquer de rien. »
2. **« ... et il te soutiendra, il ne laissera jamais chanceler le juste. »**
3. « ... et il te délivrera ; il ne laissera jamais le fidèle tomber au combat. »
4. « ... et il te répondra ; tu lui es plus précieux que de l'or. »

Étude 11

Matthieu 15.21-28 ; 16.13-28 ; 17.1-9

LE VERSET À RETENIR

Simon Pierre répondit : Tu es le Christ, le Fils du Dieu vivant. (Matthieu 16.16)

LA VÉRITÉ BIBLIQUE

Jésus bénit ceux qui croient qu'il est le Fils de Dieu.

LE CŒUR DE L'ÉTUDE

Dans cette étude, les enfants apprendront que Jésus est réellement le Fils de Dieu.

LE CONSEIL PÉDAGOGIQUE

Prenez le temps de faire des recherches sur les passages bibliques de cette étude afin d'être sûr que vous les comprenez. Ces écritures sont difficiles à comprendre pour les enfants. Cependant, ce sont des passages très importants pour aider tout le monde à comprendre la divinité de Jésus.

LE COMMENTAIRE BIBLIQUE

Cette leçon se penche sur l'identité de Jésus comme le Fils de Dieu. Dans le premier passage, une femme a appelé Jésus le Fils de David – un titre pour le Messie promis. Ce passage trouble certaines personnes. Jésus se référait aux païens quand il parlait des chiens et aux juifs quand il parlait des enfants. La déclaration de Jésus signifie : « Ce n'est pas bien d'annoncer l'évangile aux non-juifs avant que je ne l'enseigne aux juifs » Bien que la femme fût païenne, sa foi était en Jésus. Elle comprenait son identité mieux que la plupart des juifs. Grâce à cette foi, Jésus l'a bénie avec un miracle.

Dans le deuxième passage, Jésus a demandé à ses disciples de lui dire qui le peuple pensait qu'il était. Beaucoup de personnes ont dit que Jésus était un prophète. Cependant, Pierre a dit que Jésus était le Messie et le « Fils du Dieu vivant ». Cette compréhension plus profonde de l'identité de Jésus a apporté une bénédiction et a préparé les disciples à mieux écouter la mission de Jésus.

Finalement, la transfiguration a donné une preuve plus importante de la divinité de Jésus. L'apparence de Jésus a changé. Jésus était dans un état glorifié.

LES CARACTÉRISTIQUES DE DIEU

- Jésus est le Christ.
- Jésus est le Fils de Dieu.

LES PAROLES DE NOTRE FOI

Confesser est admettre ou reconnaître quelque chose. Par exemple, on reconnaît qu'on a fait quelque chose de mal. Ou bien, on reconnaît que Jésus Christ est Seigneur.

- **Christ** vient du mot grec *christos*, ce qui signifie « l'Oint » et le sens est comparable au mot hébreu, Messie.
- **Fils de David** est un autre nom pour Jésus. Ce nom est un titre que les juifs ont donné au Messie.
- **Jérémie** était un prophète qui a averti le peuple de Juda qu'il devait se repentir et se tourner vers Dieu.
- **Elie** était un prophète réputé d'Israël.
- **Césarée de Philippe** était une ville au nord de la mer de Galilée près du mont Hermon.
- **Le mont Hermon** était le lieu où la transfiguration de Jésus a probablement eu lieu. C'était approximativement 16 kilomètres au nord de Césarée de Philippe.
- **Renoncer à soi-même** est un engagement à ne pas vivre égoïstement.
- **Se charger de sa croix** est un engagement fort à suivre Jésus, même jusqu'à la mort.
- **La Transfiguration** est un évènement où trois disciples ont vu Jésus dans sa glorification. L'apparence de Jésus a changé et son visage brillait. De l'intérieur d'un nuage, Dieu a dit aux disciples que Jésus était son Fils.

L'ACTIVITÉ

Voua aurez besoin de cet article suivant pour cette activité :

- Une balle molle

Dites aux enfants de se mettre en cercle. L'enseignant(e) dira, « Je m'appelle (nom de l'enseignant). Qui dis-tu que je suis ? » L'enseignant lancera alors la balle à un enfant qui est à l'autre côté du cercle, en face de lui (d'elle). L'enfant qui attrape la balle devra répondre avec qui il ou elle dit que l'enseignant est. Par exemple, l'enfant pourrait dire, « Vous êtes mon enseignant. » L'enfant devra alors répéter la question en disant « Je m'appelle (nom de l'enfant). Qui dis-tu que je suis ? » L'enfant lancera la balle à un autre enfant dans le cercle qui répondra de la même façon. Jouez ce jeu jusqu'à ce que chaque enfant ait pu parler.

Dites, **dans l'étude d'aujourd'hui, nous entendrons la question : « Qui dites-vous que je suis ? » posée par Jésus. Vous apprendrez ce que les disciples ont dit. Qui pensez-vous que Jésus est ?**

LA LEÇON BIBLIQUE

Préparez l'histoire suivante, adaptée de Matthew 15.21-28 ; 16.13-28 ; 17.1-9 avant de la raconter aux enfants.

En quittant cet endroit, Jésus se rendit dans la région de Tyr et de Sidon. Et voilà qu'une femme cananéenne, se mit à crier : « Seigneur, Fils de David, aie pitié de moi ! Ma fille est sous l'emprise d'un démon qui la tourmente cruellement. »

Mais Jésus ne lui répondit pas. Ses disciples lui dirent : « Renvoie-la. »

Il répondit : « Ma mission se limite aux brebis perdues du peuple d'Israël. »

Mais la femme continua à pousser des cris vers Jésus.

Alors Jésus dit : « O femme, ta foi est grande ! Qu'il en soit donc comme tu le veux ! »

Jésus se rendit dans la région de Césarée de Philippe. Il interrogea ses disciples : « Que disent les gens au sujet du Fils de l'homme ? Qui est-il d'après eux ? »

Ils répondirent : « Pour les uns, c'est Jean-Baptiste ; pour d'autres : Elie ; pour d'autres encore : Jérémie ou un autre prophète. »

Jésus demanda aux disciples : « Qui dites-vous que je suis ? »

Simon Pierre lui répondit : « Tu es le Messie, le Fils du Dieu vivant. »

Jésus lui dit alors : « Tu es heureux, car ce n'est pas de toi-même que tu as trouvé cela. C'est mon Père céleste qui te l'a révélé. Tu es Pierre, et sur cette pierre j'édifierai mon Église. »

Jésus commença à exposer à ses disciples qu'il devait se rendre à Jérusalem, y subir de cruelles souffrances, être mis à mort et ressusciter le troisième jour.

Alors Pierre lui dit : « Cela ne t'arrivera pas ! »

Mais Jésus lui dit : « Tes pensées ne sont pas celles de Dieu ; ce sont des pensées tout humaines. »

Puis, s'adressant à ses disciples, Jésus dit : « Si quelqu'un veut marcher à ma suite, qu'il renonce à lui-même, qu'il se charge de sa croix et qu'il me suive. Si un homme parvient à posséder le monde entier, à quoi cela lui sert-il s'il perd sa vie ? »

Jésus prit avec lui Pierre, Jacques et Jean, et les emmena sur une haute montagne, à l'écart. Il fut transfiguré devant eux : son visage se mit à resplendir comme le soleil ; ses vêtements prirent une blancheur éclatante, aussi éblouissante que la lumière. Et voici que Moïse et Elie leur apparurent : ils s'entretenaient avec Jésus.

Pierre voulait dresser trois tentes, une pour Jésus, une pour Moïse et une pour Elie. Ensuite une nuée lumineuse les enveloppa, et une voix en sortit qui disait : « Celui-ci est mon Fils bien-aimé, celui qui fait toute ma joie. Écoutez-le ! »

Les disciples furent remplis de terreur et tombèrent le visage contre terre. Jésus leur donna l'ordre de ne raconter à personne ce qu'ils venaient de voir avant que le Fils de l'homme ne soit ressuscité des morts.

Encouragez les enfants à répondre aux questions suivantes. Il n'y a pas de bonnes ou de mauvaises réponses. Ces questions aideront les enfants à comprendre l'histoire et l'appliquer à leurs vies.

1. Les villes de Tyr et Sidon étaient loin de Galilée. Comment pensez-vous que la femme a entendu parler du pouvoir de Jésus ? Si vous étiez la femme, comment répondriez-vous aux déclarations de Jésus de 15.24, 26 ?

2. Comment pensez-vous que Simon Pierre s'est senti quand Jésus l'a appelé Pierre et lui a dit pourquoi ?

3. Pourquoi pensez-vous que Jésus a pris seulement trois disciples avec lui sur la montagne ?

Dites, **Que feriez-vous si vous disiez à quelqu'un qui étaient vos parents et qu'il ou elle ne vous croyait pas ? Comment feriez-vous pour prouver que vous êtes vraiment l'enfant de vos parents ? Les ferez-vous remarquer les ressemblances dans vos apparences ou les façons dont vous vous comportez ? Demanderiez-vous à votre mère ou votre père de dire à cette personne que vous dites la vérité ?**

Jésus a fait tout cela aussi. Jésus a guéri beaucoup de personnes et a multiplié un petit repas pour nourrir des milliers de personnes. Jésus a pardonné les péchés de beaucoup de gens et les disciples ont entendu Dieu le Père affirmer que Jésus était son Fils. Dieu nous a dit d'écouter Jésus parce qu'il est le Fils de Dieu.

LE VERSET À RETENIR

Pratiquez le verset à retenir de l'étude. Vous trouverez les suggestions des activités à retenir aux pages 137 et 138.

LES ACTIVITÉS SUPPLÉMENTAIRES

Choisissez parmi ces options suivantes pour améliorer l'étude biblique des enfants.

1. Faites des recherches à propos des trois disciples que Jésus a emmenés avec lui sur la montagne. Recherchez d'autres histoires parlant de Pierre, Jacques et Jean dans les trois autres livres de l'évangile et dans le livre d'Actes. Quels rôles ont-ils joués dans chacune des histoires ?

2. Demandez à un intervenant spécial de préparer un monologue de la perspective de Pierre à propos des évènements dans les passages de l'Écriture de cette étude. Demandez à cette personne de présenter le monologue dans le rôle de Pierre. Donnez aux enfants l'opportunité de poser des questions à « Pierre ».

QUESTIONS À CHOIX MULTIPLES POUR LE NIVEAU DE BASE

Pour préparer les enfants à ce concours, lisez Matthieu 15.21-28 ; 16.13-28 ; 17.1-9.

1 Pourquoi, au début, Jésus n'a-t-il pas aidé la femme cananéenne ? (15.24)
1. **Elle n'était pas d'Israël.**
2. Guérir sa fille était trop difficile pour Jésus.
3. Sa foi n'était pas assez grande.

2 Pourquoi Jésus a-t-il guéri la fille de la femme ? (15.28)
1. Elle l'a menacé de le faire.
2. **Sa foi était grande.**
3. Elle était une amie d'un des disciples.

3 Quelle était la première question que Jésus a posée à ses disciples à Césarée de Philippe ? (16.13)
1. « Qu'est-ce que Jean-Baptiste pense de moi ? »
2. « Pourquoi Hérode ne m'aime-t-il pas ? »
3. **« Que disent les gens au sujet du Fils de l'homme ? Qui est-il d'après eux ? »**

4 Qui est-ce que quelques personnes pensaient que Jésus était ? (16.14)
1. Jean-Baptiste
2. Elie ou Jérémie
3. **Les réponses ci-dessus sont correctes.**

5 Comment est-ce que Pierre a répondu quand Jésus a demandé « Qui dites-vous que je suis ? » (16.15-16)
1. **« Tu es le Messie, le Fils du Dieu vivant. »**
2. « Tu es un grand maître et un prophète. »
3. Les réponses ci-dessus sont correctes.

6 D'où a Jésus dit que Pierre a eu la réponse à la question : « Qui dites-vous que je suis ? » (16.15-17)
1. Des autres disciples
2. De sa belle mère
3. **De son Père céleste**

7 Jésus dit à ses disciples qu'une personne qui veut le suivre doit faire quoi ? (16.24)
1. « Il doit aller à un autre pays. »
2. « Il doit devenir un maître. »
3. **« Il doit renoncer à lui-même et se charger de sa croix. »**

8. Que s'est-il passé sur la montagne lors de la transfiguration de Jésus ? (17.2-3)

1. Le visage de Jésus brillait comme le soleil.
2. Moïse et Elie apparurent.
3. **Les réponses ci-dessus sont correctes.**

9. Pierre voulait faire quelle chose pour Jésus, Elie et Moïse ? (17.4)

1. Dresser trois tentes pour Jacques, Jean et lui-même
2. **Dresser trois tentes, une pour chacun d'eux**
3. Dresser une tente pour tout le monde

10. Qu'a dit Jésus à Pierre, Jacques et Jean après que la voix venant du nuage les a parlés ? (17.6-7, 9)

1. « Relevez-vous et n'ayez pas peur. »
2. « Ne racontez à personne ce que vous venez de voir. »
3. **Les réponses ci-dessus sont correctes.**

QUESTIONS À CHOIX MULTIPLES POUR LE NIVEAU AVANCÉ

Pour préparer les enfants à ce concours, lisez Matthieu 15.21-28 ; 16.13-28 ; 17.1-9.

1. Pourquoi la femme cananéenne poussait-elle des cris vers Jésus ? (15.22)

1. Elle avait faim et voulait quelque chose à manger.
2. **Sa fille était sous l'emprise d'un démon qui la tourmentait cruellement.**
3. Elle a essayé de recevoir une bénédiction spéciale de Jésus.
4. Toutes les réponses ci-dessus sont correctes.

2. Qu'est-ce que Jésus a demandé à ses disciples lorsqu'ils sont arrivés dans la région de Césarée de Philippe ? (16.13)

1. « Me suivrez-vous quoi qu'il arrive ? »
2. **« Que disent les gens au sujet du Fils de l'homme ? »**
3. « Quand apparaîtra le Fils de Dieu ? »
4. « Qui est le Messie ? »

3. Qu'est-ce que Pierre a dit quand Jésus a demandé « Qui dites-vous que je suis ? » ? (16.15-16)

1. **« Tu es le Messie, le Fils du Dieu vivant. »**
2. « Tu es un grand prophète. »
3. « Tu es Elie. »
4. « Tu es le fils de Joseph et Marie. »

4. Après que les disciples ont reconnu que Jésus était le Messie, qu'a Jésus dit qu'il devait lui arriver ? (16.21)

1. Qu'il devait se rendre à Jérusalem, y subir de cruelles souffrances.
2. Il devait être mis à mort.
3. Après qu'il serait mort, il serait ressuscité le troisième jour.
4. **Toutes les réponses ci-dessus sont correctes.**

5. Pourquoi Pierre était-il un obstacle ? (16.23)

1. Pierre était un lâche.
2. **Les pensées de Pierre n'étaient pas celles de Dieu ; c'étaient des pensées tout humaines.**
3. Pierre voulait toujours être premier.
4. Pierre ne suivait jamais l'enseignement de Jésus.

6 Qu'arrivera-t-il à la personne qui perd sa vie pour Jésus ? (16.25)

1. Elle recevra du pouvoir.
2. Elle deviendra connue.
3. Elle mourra.
4. **Elle retrouvera sa vie.**

7 Que s'est-il passé quand Jésus a emmené Pierre, Jacques et Jean en haut d'une montagne à l'écart ? (17.1-2)

1. « Il fut transfiguré devant eux. »
2. « Son visage se mit à resplendir comme le soleil. »
3. « Ses vêtements prirent une blancheur aussi éblouissante que la lumière. »
4. **Toutes les réponses ci-dessus sont correctes.**

8 Qui apparut avec Jésus lors de sa transfiguration ? (17.3)

1. Abraham et Sarah
2. Gédéon et Déborah
3. **Moïse et Elie**
4. Josué et Ésaïe

9 Que s'est-il passé lorsque Pierre a parlé de dresser trois tentes ? (17.4-5)

1. **Une voix venant d'un nuage a dit : « Celui-ci est mon Fils bien-aimé, celui qui fait toute ma joie. Écoutez-le ! »**
2. Jacques et Jean ont commencé à dresser les tentes.
3. Pierre a rencontré Elie et Moïse.
4. Moïse et Elie ont disparu.

10 Terminez ce verset : « Simon Pierre lui répondit : « Tu es le Messie… » (Matthieu 16.16)

1. « … mon Rédempteur et ami. »
2. **« …le Fils du Dieu vivant. »**
3. « …nôtre maître et prophète. »
4. « … celui qui nous mène. »

Étude 12

Matthieu 18.10-14, 21-35 ; 19.13-30

LE VERSET À RETENIR
Et Jésus dit : Laissez les petits enfants, et ne les empêchez pas de venir à moi ; car le royaume des cieux est pour ceux qui leur ressemblent.
(Matthieu 19.14)

LA VÉRITÉ BIBLIQUE
Jésus pardonne les gens et montre sa prévenance pour eux, et nous devons faire de même.

LE CŒUR DE L'ÉTUDE
Cette étude aidera les enfants à apprendre que nous devrions nous soucier des autres parce que Jésus se soucie de nous.

LE CONSEIL PÉDAGOGIQUE
Alors que vous dirigez l'étude biblique, expliquez que nous devons vivre nos vies en abandon à Dieu. Nôtre trésor est au ciel, pas sur la terre.

LE COMMENTAIRE BIBLIQUE

Dans cette étude, nous étudierons la prévenance de Jésus pour les autres. Dans le premier passage, Jésus a raconté une parabole parlant d'un berger qui a laissé seuls ses quatre-vingt-dix-neuf brebis pour trouver celle qui était perdue. Dans cette histoire, « les petits » se réfèrent aux croyants qui se sont égarés de leur foi en Dieu. Dieu fait tout effort possible pour sauver ceux qui se sont perdus. Nous, comme nous sommes croyants, devrions avoir cette même prévenance et nous réjouir quand des croyants retrouvent leur foi en Dieu.

Dans le passage suivant, Jésus et Pierre ont parlé à propos du pardon. Les juifs pensaient qu'il était suffisant de pardonner quelqu'un trois fois. Pierre, un juif, a suggéré qu'il était suffisant de pardonner quelqu'un sept fois. Pierre était sûrement choqué quand Jésus a dit que nous devons pardonner quelqu'un soixante-dix-sept fois. Jésus a appris aux disciples à quel point il est important de pardonner les autres parce que Jésus nous pardonne.

Le troisième et le quatrième passage parlent de personnes qui étaient aux deux côtés opposés de la hiérarchie de la société. Les enfants étaient en bas de la hiérarchie sociale. Jésus voulait que ses disciples apprécient les enfants et aient une foi comme celle d'un enfant dans les questions spirituelles.

L'homme riche était d'un rang important dans la société grâce à sa fortune. Cependant, il n'avait pas la bénédiction la plus importante : il ne savait pas comment obtenir la vie éternelle.

Notre rang social ne signifie rien pour Jésus. Ce qui est important est d'avoir un cœur comme celui de Jésus.

LES CARACTÉRISTIQUES DE DIEU

- Dieu cherche les personnes qui ne le suivent pas.
- Dieu nous pardonne de nos péchés et il veut que nous fassions de même pour les autres.

LES PAROLES DE NOTRE FOI

La vie éternelle est une vie spéciale que Dieu donne à ceux qui acceptent Jésus comme Sauveur. Ceux qui croient en Jésus auront la vie éternelle au ciel.

Un talent était un poids d'argent, environ 34 kg de métal, probablement en matière d'argent.

Un denier était une pièce de monnaie qui équivalait à un jour de salaire.

Réprimander est de dire à quelqu'un sévèrement de ne pas faire quelque chose.

Entraver est de bloquer le chemin

L'ACTIVITÉ

Vous aurez besoin de ces articles suivants pour cette activité :

- Des fiches ou des feuilles de papier
- Un jouet en forme de brebis ou une brebis en papier

Avant la classe, créez des indices pour aider les enfants à trouver une brebis perdue. Écrivez un indice qui amènera à la prochaine jusqu'à ce que le dernier indice amène à la brebis perdue. Cachez les indices dans d'autres parties de l'église, si possible. Apportez le premier indice dans la classe avec vous.

Dites : **Nous allons lire une parabole de Jésus qui parle d'une brebis perdue. Aujourd'hui nous allons trouver une brebis perdue. Voici un indice qui va nous aider.**

En tant que classe, suivez les indices. Laissez les enfants résoudre les indices. Ne leur dites pas les réponses. Lorsque vous trouvez la brebis, retournez à la salle de classe.

Dites : **Aujourd'hui nous avons trouvé une brebis perdue. Maintenant nous allons lire une parabole qui parle d'un homme qui a retrouvé une brebis perdue.**

LA LEÇON BIBLIQUE

Préparez l'histoire suivante, adaptée de Matthieu 18.10-14, 21-35 ; 19.13-30 avant de la raconter aux enfants.

Jésus a raconté beaucoup de paraboles aux gens autour de lui.

Jésus dit : « Ne méprisez pas un seul de ces petits. Leurs anges dans le ciel se tiennent constamment en présence de mon Père céleste. »

Jésus raconta une parabole à propos d'un berger et ses brebis : « Un homme avait cent brebis, et l'une d'elles s'est égarée. Il a laissé les quatre-vingt-dix-neuf autres pour aller à la recherche de celle qui s'est égarée. Quand il a retrouvé cette brebis, elle lui a causée plus de joie que les quatre-vingt-dix-neuf autres qui ne s'étaient pas égarées. Il en est de même pour votre Père céleste : il ne veut pas qu'un seul de ces petits se perde dans le péché. »

Jésus parla avec Pierre à propos du pardon. Pierre dit à Jésus : « Seigneur, si mon frère se rend coupable à mon égard, combien de fois devrai-je lui pardonner ? Irai-je jusqu'à sept fois ? »

Jésus dit : « Pas sept fois, mais soixante-dix fois sept fois. »

Ensuite, Jésus raconta une parabole à propos du pardon. « Il en est du royaume des cieux comme d'un roi qui voulut

régler ses comptes avec ses serviteurs. On lui en présenta un qui lui devait soixante millions de pièces d'argent. Ce serviteur n'avait pas de quoi rembourser ce qu'il devait. Son maître donna ordre de le vendre comme esclave avec sa femme et ses enfants ainsi que tous ses biens pour rembourser sa dette. Le serviteur se jeta alors aux pieds du roi et, se prosternant devant lui, supplia : Sois patient envers moi et je te rembourserai tout. Pris de pitié pour lui, son maître le renvoya libre, après lui avoir remis toute sa dette.

À peine sorti, ce serviteur rencontra un de ses compagnons de service qui lui devait cent pièces d'argent. Il le saisit à la gorge en criant : Paie-moi ce que tu me dois !

Son compagnon dit : Sois patient envers moi et je te rembourserai. Mais l'autre ne voulut rien entendre. Il alla le faire jeter en prison. D'autres compagnons de service, témoins de ce qui s'était passé, allèrent rapporter toute l'affaire à leur maître.

Alors celui-ci fit convoquer le serviteur. Le maître lui dit : Tu es vraiment odieux ! Tout ce que tu me devais je te l'avais remis. Tu devrais avoir pitié de ton compagnon, comme j'ai eu pitié de toi. Dans sa colère, son maître le livra aux bourreaux jusqu'à ce qu'il ait remboursé toute sa dette. Voilà comment mon Père céleste vous traitera, vous aussi, si chacun de vous ne pardonne pas à son frère. »

Des gens amenèrent des petits enfants à Jésus pour qu'il prie pour eux. Les disciples leur firent des reproches. Mais Jésus leur dit : « Laissez donc ces petits enfants, ne les empêchez pas de venir à moi, car le royaume des cieux appartient à ceux qui leur ressemblent. »

Un homme s'approcha de Jésus et lui demanda : « Maître, que dois-je faire de bon pour avoir la vie éternelle ? »

Jésus dit : « Si tu veux entrer dans la vie, applique les commandements. »

L'homme dit : « J'applique déjà tous les commandements.

Que me manque-t-il encore ? »

Jésus dit : « Va vendre tes biens, distribue le produit de la vente aux pauvres, et tu auras un capital dans le ciel. » Le jeune homme s'en alla tout triste car il était très riche.

Jésus dit : « Il est difficile à un riche d'entrer dans le royaume des cieux. »

Les disciples demandèrent : « Mais alors, qui donc peut être sauvé ? »

Jésus leur dit : « Cela est impossible aux hommes ; mais à Dieu, tout est possible. »

Pierre demanda : « Nous avons tout quitté pour te suivre : qu'en sera-t-il de nous ? »

Jésus dit : « Tous ceux qui auront quitté, à cause de moi, leurs maisons et leurs familles recevront cent fois plus et auront part à la vie éternelle. Beaucoup de ceux qui sont maintenant les premiers seront parmi les derniers, et beaucoup de ceux qui sont maintenant les derniers seront parmi les premiers. »

Encouragez les enfants à répondre aux questions suivantes. Il n'y a pas de bonnes ou de mauvaises questions. Ces questions aideront les enfants à comprendre l'histoire et l'appliquer à leurs vies.

1. Avez-vous déjà perdu quelque chose de valeur ? Qu'est-ce que vous avez fait pour retrouver ce que vous avez

perdu ? Comment vous êtes-vous senti lorsque vous l'avez retrouvé ? Pourquoi est-ce que le berger trouvait que la brebis perdue avait tant de valeur ?

2. Comment est-ce que le serviteur méchant s'est-il senti lorsque le roi a pardonné sa dette ? Comment est-ce que le roi s'est-il senti quand il a vu ce que le serviteur a fait ? Est-ce que quelqu'un t'a déjà pardonné pour quelque chose que tu as fait de mal ?

3. Le jeune homme riche était triste parce qu'il ne voulait pas abandonner ses richesses. Quelles sont les choses que les gens pensent difficiles à abandonner pour Dieu ?

Dites : **Est-ce que vous vous êtes déjà disputés à propos de qui pourra être premier ou à propos de qui aura le prochain tour ? Trop souvent nous nous intéressons seulement à nos besoins. Jésus s'est soucié des besoins des autres. Il a invité les enfants à venir autour de lui, même quand ses disciples ont protesté. Jésus a un cœur d'amour pour tout le monde et il offre le pardon à tous. Est-ce que tu aimes les autres et est-ce que tu les pardonnes ?**

LE VERSET À RETENIR
Pratiquez le verset à retenir de l'étude. Vous trouverez les suggestions pour les activités des versets à retenir aux pages 137 et 138.

LES ACTIVITÉS SUPPLÉMENTAIRES
Choisissez parmi ces options pour améliorer l'étude biblique des enfants.

1. En tant que classe, jouez les rôles de la parabole de la brebis perdue. Choisissez des élèves pour jouer les rôles des brebis dans le troupeau, un des élèves pour le rôle de la brebis perdue, et un élève pour le rôle du berger. La brebis se cachera et le berger devra la retrouver.

2. Jésus a dit au jeune homme riche de vendre ses biens, donner l'argent aux pauvres et de le suivre. En tant que classe, faites une liste de possessions que les gens ont qui pourraient les empêcher d'avoir de bonnes relations avec Dieu. Que pourrait-on faire pour surmonter ces obstacles ?

QUESTIONS À CHOIX MULTIPLES POUR LE NIVEAU DE BASE
Pour préparer les enfants à ce concours, lisez Matthieu 18.10-14, 21-35 ; 19.13-30.

1 Selon la parabole de Jésus, combien de brebis possédait l'homme ? (18.12)
1. 100
2. 500
3. 1 000

2 Qu'est-ce que l'homme a fait quand il s'est rendu compte qu'une brebis manquait ? (18.12)
1. Il a oublié la brebis perdue.
2. **Il est allé à la recherche de la brebis.**
3. Il a envoyé quelqu'un d'autre à la recherche de la brebis.

3 Quelle question Pierre a-t-il posée à Jésus à propos du pardon ? (18.21)
1. « Est-ce que j'ai besoin du pardon ? »
2. « Qui a besoin du pardon ? »
3. **« Combien de fois devrai-je pardonner ? »**

4. Combien est-ce que le premier serviteur devait au roi ? (18.23-24)
1. **Soixante millions de pièces d'argent**
2. Six millions de pièces d'argent
3. Soixante pièces d'argent

5. Qu'est-ce que le roi a fait quand le serviteur lui a demandé d'être patient ? (18.26-27)
1. Le roi était pris de pitié pour le serviteur.
2. Le roi a remis toute sa dette et a renvoyé le serviteur libre.
3. **Les réponses ci-dessus sont correctes.**

6. Qu'a fait le premier serviteur au serviteur qui lui devait de l'argent ? (18.30)
1. **Il a exigé que l'autre le repaye.**
2. Il a pardonné le serviteur.
3. Les réponses ci-dessus sont correctes.

7. Qu'a fait le roi quand il a entendu ce que le premier serviteur avait fait ? (18.32-34)
1. Il l'a laissé partir.
2. **Il l'a appelé un serviteur odieux et l'a livré aux bourreaux.**
3. Il lui a dit qu'il a fait ce qui était juste.

8. Qu'a dit Jésus aux disciples à propos des enfants ? (19.14)
1. «Laissez ces petits enfants venir à moi. »
2. « Le royaume des cieux appartient à ceux qui leur ressemblent. »
3. **Les réponses ci-dessus sont correctes.**

9. Qu'a dit Jésus à l'homme qui a demandé : « Que dois-je faire de bon pour avoir la vie éternelle ? » (19.17)
1. **« Applique les commandements. »**
2. « Étudie les pages bibliques. »
3. « Va à la synagogue toutes les semaines. »

10. Qui a dit : « Cela est impossible aux hommes ; mais à Dieu, tout est possible. » (19.26)
1. Pierre
2. **Jésus**
3. Le jeune homme riche

QUESTIONS À CHOIX MULTIPLES POUR LE NIVEAU AVANCÉ

Pour préparer les enfants à ce concours, lisez Matthieu 18.10-14, 21-35 ; 19.13-30.

1. Qui se tient constamment en présence du Père céleste ? (18.10)
1. **Les anges des petits**
2. Personne
3. Ceux qui pardonnent les autres
4. Tout le monde

2. Quel était le sens de la parabole de la brebis perdue, selon Jésus ? (18.14)
1. « C'est de votre faute si vous vous perdez. »
2. « Ce n'est pas facile de se perdre dans la forêt. »
3. **« Votre Père céleste ne veut pas qu'un seul de ces petits se perde. »**
4. « Restez avec le troupeau. Ne vous perdez pas. »

3. Combien de fois est-ce que Jésus a dit de pardonner ? (18.2)
1. Trois fois
2. Sept fois
3. **Soixante-dix fois sept fois**
4. Sept cents fois

4 Qu'a fait le premier serviteur quand le roi lui a dit de repayer sa dette ? (18.25-26)

1. Il a repayé la dette d'un des autres serviteurs
2. Il s'est sauvé.
3. Il a repayé sa dette.
4. **Il a supplié le roi d'être patient.**

5 Combien est-ce que le deuxième serviteur devait au premier ? (18.28)

1. **cents pièces d'argent**
2. mille pièces d'argent
3. un million pièces d'argent
4. soixante millions de pièces d'argent

6 Qu'ont fait les compagnons de service quand ils ont vu ce que le premier serviteur a fait au deuxième ? (18.31)

1. Ils ont dit au premier serviteur qu'il a fait ce qui était juste.
2. **Ils sont allés rapporter au roi ce qu'il s'est passé.**
3. Ils n'ont rien fait.
4. Ils ont récolté de l'argent pour le serviteur.

7 Qu'a dit Jésus aux disciples quand ils ont fait des reproches aux gens qui lui ont apporté les enfants ? (19.13-14)

1. « Laissez ces petits enfants venir à moi. »
2. « Ne les empêchez pas de venir à moi. »
3. « Le royaume des cieux appartient à ceux qui leur ressemblent. »
4. **Toutes les réponses ci-dessus sont correctes.**

8 Qu'a fait Jésus quand les petits enfants sont venus à lui ? (19.13, 15)

1. Il a bénit chaque famille.
2. **Il leur a imposé les mains et prié pour eux.**
3. Il les a baptisés.
4. Il les a renvoyés autre part.

9 Qu'a fait le jeune homme quand Jésus lui a dit ce qu'il devrait faire pour être parfait ? (19.22)

1. Il est devenu un disciple de Jésus.
2. **Il s'en est allé tout triste car il était très riche.**
3. Il a vendu tous ses biens et a donné l'argent aux pauvres.
4. Il a demandé pourquoi Dieu avait tant de règles.

10 Complétez ce verset : « Et Jésus dit : Laissez donc ses petits enfants, et ne les ... » (19.14)

1. **«... empêchez pas de venir à moi ; car le royaume des cieux appartient à ceux qui leur ressemblent. »**
2. «... punissez pas sévèrement. »
3. «... laissez pas s'éloigner de moi. »
4. «... permettez pas de s'égarer. »

Étude 13

Matthieu 21.1-17 ; 22.34-40

LE VERSET À RETENIR

Jésus lui répondit : Tu aimeras le Seigneur, ton Dieu, de tout ton cœur, de toute ton âme, et de toute ta pensée. C'est le premier et le plus grand commandement. Et voici le second, qui lui est semblable : Tu aimeras ton prochain comme toi-même.
(Mattieu 22.37-39)

LA VÉRITÉ BIBLIQUE

Jésus, notre Sauveur et Roi, est digne de nôtre louange, de nôtre obéissance et de nôtre amour.

LE CŒUR DE L'ÉTUDE

Dans cette étude, les enfants apprendront que Jésus a dit que le commandement le plus grand de tous est d'aimer le Seigneur notre Dieu complètement. Le second commandement le plus important est d'aimer son prochain comme soi-même.

LE CONSEIL PÉDAGOGIQUE

Se référer à l'étude 2 pour les définitions d'un pharisien et d'un sadducéen.

LE COMMENTAIRE BIBLIQUE

Quand Jésus est entré dans la ville de Jérusalem sur une ânesse, la foule a reconnu cette action comme un signe que Jésus était le roi qu'ils attendaient. Entrer dans les limites d'une ville ainsi était une coutume courante pour les rois durant l'époque de l'Ancien Testament. En reconnaissance de cela, les gens ont appelé Jésus le « Fils de David, » ce qui est un autre nom pour le Messie. Les gens avaient raison d'appeler Jésus un roi. Cependant, ils s'attendaient à ce qu'il soit un roi terrestre. Ils pensaient qu'il vaincrait leurs ennemis politiques. Ils ne savaient pas qu'il souffrirait à travers une crucifixion pour leurs pêchés.

Quand Jésus est entré dans la cour du Temple, il était en colère parce que le lieu de louange avait été transformé en marché. Ils vendaient des animaux pour les sacrifices et ils échangeaient l'argent pour les offrandes du Temple. Ces comptoirs et chaises étaient nécessaires. Cependant, leurs emplacements et les pratiques commerciales déshonnêtes de certaines personnes montraient un manque de respect envers le Temple et les gens qui étaient là pour vénérer Dieu. Quand Jésus est intervenu, les gens ont vu son autorité. Les chefs des prêtres ont vu cela comme une contestation de leur autorité.

Aux temps bibliques, ce n'était pas inhabituel pour les personnes religieuses de débattre à propos de quels commandements qui étaient plus importants. Jésus a dit que le commandement le plus important est d'aimer Dieu avec tout ce qu'on est. Le second est d'aimer son prochain ; cet amour a pour origine un amour pour Dieu.

LES CARACTÉRISTIQUES DE DIEU
- Jésus est digne de nôtre louange.
- Dieu veut que nous l'aimions et que nous aimions les autres.

LES PAROLES DE NOTRE FOI
Le mont des Oliviers est une montagne à l'est de Jérusalem qui culmine à 823 mètres de haut. Sur le sommet il y a une vue incroyable de Jérusalem et du Temple.

Un temple est un édifice pour la vénération d'un dieu ou de plusieurs dieux. Le Temple de Jérusalem était un endroit où les juifs vénéraient Dieu.

Béthanie était un village situé à environ 3.3 kilomètres à l'est de Jérusalem, près du mont des Oliviers.

Un manteau est un habit ample porté pardessus ses vêtements.

L'ACTIVITÉ
Vous aurez besoin de ces articles suivants pour cette activité :
- Une grande feuille de papier
- Des feutres

Avant que la classe ne commence, imprimez le mot « Hosanna » en grandes lettres sur une grande feuille de papier.

Pendant la classe, montrez du doigt le mot « Hosanna » et dites : **Aujourd'hui nous allons étudier la fois où une foule a crié « Hosanna ! » à Jésus. Qu'est ce que vous pensez « Hosanna » veut dire ?** (Cela veut dire « Sauve ! » C'est aussi une exclamation de louange.) **Quels sont les manières de montrer nôtre louange pour Jésus ?**

Encouragez les enfants à faire des dessins ou écrire quelques mots autour des grandes lettres. Les dessins ou les mots devraient exprimer des manières dont les enfants loueront Jésus. Exposer l'affiche dans la salle de classe.

LA LEÇON BIBLIQUE
Préparez l'histoire suivante, adaptée de Matthieu 21.1-17 ; 22.4-40 avant de la raconter aux enfants.

En approchant de Jérusalem, Jésus et ses disciples arrivèrent près du village de Bethphagé, sur le mont des Oliviers. Jésus envoya deux de ses disciples en leur disant : « Allez dans le village qui se trouve là devant vous. Dès que vous y serez, vous trouverez une ânesse attachée et, près d'elle, son petit. Détachez-les et amenez-les-moi. Si quelqu'un vous fait une observation, dites leur que le Seigneur en a besoin. Tout cela arriva pour que se réalise la prédiction du prophète : Voici ton Roi qui vient à toi ; humble, il vient monté sur une ânesse. »

Les disciples amenèrent l'ânesse et son petit et posèrent sur eux leurs manteaux, et Jésus s'assit dessus. Une grande foule de gens étendirent leurs manteaux sur le chemin. D'autres coupèrent des branches aux arbres et en jonchèrent le chemin.

Toute la foule criait : « Hosanna au Fils de David ! Béni soit celui qui vient de la part du Seigneur ! Hosanna à Dieu au plus haut des cieux ! »

Quand Jésus entra dans Jérusalem, toute la ville demandait : « Qui est-ce ? »

La foule répondait : « C'est Jésus le prophète, de Nazareth en Galilée. »

Puis Jésus entra dans la cour du Temple. Il en chassa tous les marchands, ainsi que leurs clients. Il renversa les comptoirs des changeurs d'argent, ainsi que les chaises des marchands de pigeons. Jésus leur dit :

« On appellera ma maison une maison de prière, mais vous, vous en faites un repaire de brigands. »

Des aveugles et des paralysés s'approchèrent de lui dans la cour du Temple et il les guérit. Les chefs des prêtres et les spécialistes de la Loi virent les miracles extraordinaires que Jésus venait d'accomplir. Ils entendirent les cris des enfants dans la cour du Temple : « Hosanna au Fils de David ! » et ils se mirent en colère.

« Tu entends ce que les enfants crient ? » ils ont demandé à Jésus.

« Parfaitement » leur répondit Jésus. « Et vous, n'avez-vous donc jamais lu cette parole : De la bouche des tout petits et de celle des nourrissons, tu as su tirer ta louange ? »

Puis il les laissa et quitta la ville pour se rendre à Béthanie.

Les pharisiens voulurent tendre un piège à Jésus. Un spécialiste de la Loi lui demanda : « Maître, quel est, dans la Loi, le commandement le plus grand ? »

Jésus lui répondit : « Tu aimeras le Seigneur, ton Dieu, de tout ton cœur, de toute ton âme et de toute ta pensée. C'est là le commandement le plus grand et le plus important. Et il y en a un second qui lui est semblable : Tu aimeras ton prochain comme toi-même. Tout ce qu'enseignent la Loi et les prophètes est contenu dans ces deux commandements. »

Encouragez les enfants à répondre aux questions suivantes. Il n'y a pas de bonnes et de mauvaises réponses. Ces questions aideront les enfants à comprendre l'histoire et l'appliquer à leurs vies.

1. Pourquoi est-ce que Jésus a dit à ses disciples d'aller dans un autre village pour trouver une ânesse et son petit pour qu'il monte dessus ?

2. Quels louanges les gens ont-ils donné à Jésus ? Quels types de louanges donneriez-vous à Jésus ?

3. Qu'est-ce que les changeurs d'argent ont fait que Jésus n'aimait pas ?

4. Pensez-vous que les pharisiens savaient quel était le commandement le plus grand ? S'ils le savaient, pourquoi ont-ils demandé à Jésus ce que c'était ?

5. Quels sont les deux commandements que Jésus a donnés au chapitre 22.37-39 de Matthieu ? Pourquoi est-il important pour vous d'obéir à ces commandements ?

Dites : Jésus n'a pas fait les choses de la manière dont les juifs attendaient du Roi de Rois. Il est venu dans la ville sur le dos d'une ânesse. Les hommes, les femmes et les enfants l'ont loué. Jésus ne s'est pas comporté de manière grandiose ou glorieuse. Cependant, Jésus possédait l'autorité de Dieu. Jésus était digne de leur louange. Jésus a montré comment aimer Dieu de tout son être. Il a aussi montré comment aimer les autres comme nous nous aimons nous-mêmes. Nous devrions suivre son exemple. Nous devrions aimer, obéir et louer Dieu.

LE VERSET À RETENIR
Pratiquez le verset à retenir de l'étude. Vous trouverez les suggestions pour les activités des versets à retenir aux pages 137 et 138.

LES ACTIVITÉS SUPPLÉMENTAIRES
Choisissez parmi ces options pour améliorer l'étude des enfants.

1. Aux temps bibliques, les rois entraient dans leurs villes en triomphe après qu'ils avaient gagné une bataille. Faites des recherches sur ce qu'il se passait lors de ces « Entrées triomphales. » Comparez et contrastez ce que vous trouverez avec l'Entrée triomphale de Jésus. Quel est le symbolisme derrière l'action des gens qui ont mis leurs manteaux et des branches d'arbre sur le chemin ?

2. Imaginez que Jésus soit venu dans votre ville monté sur une ânesse. Que diraient les gens à son propos ? Comment est-ce que votre ville l'accueillerait ? Quels types de louanges lui donnerais-tu ? Dessinez une carte du chemin que Jésus prendrait s'il venait dans ta ville. Créez une banderole pour annoncer son arrivée. De ce fait, remerciez Dieu d'avoir envoyé Jésus pour nous sauver.

QUESTIONS À CHOIX MULTIPLES POUR LE NIVEAU DE BASE

Pour préparer les enfants à ce concours, lisez Matthieu 21.1-17 ; 22.34-40.

1. Qu'est-ce que Jésus a demandé de faire à ses disciples lorsqu'ils sont arrivés à Bethphagé ? (21.1-2)
1. **« Allez dans le village, trouvez une ânesse et son petit et amenez-les moi. »**
2. « Trouvez un endroit où nous pourrons passer la nuit. »
3. « Allez-y avant moi pour voir si Hérode nous arrêtera. »

2. Que devaient dire les disciples si quelqu'un leur faisait une observation à propos de l'ânesse et son petit ? (21.3)
1. « Ce sont nos animaux. »
2. **« Le Seigneur en a besoin. »**
3. « Pouvons-nous prendre vos ânes ? »

3. Que disait la prophétie de l'Ancien Testament à propos des disciples et de l'ânesse et son petit ? (21.2-5)
1. « Voici ton Roi qui vient à toi. »
2. « Humble, il vient monté sur une ânesse. »
3. **Les réponses ci-dessus sont correctes.**

4. Qu'a fait la foule quand Jésus est entré dans Jérusalem ? (21.8-9)
1. Ils ont étendu leurs manteaux et des branches d'arbres sur la route.
2. Ils ont crié : « Hosanna au Fils de David ! »
3. **Les réponses ci-dessus sont correctes.**

5. Que vendaient les gens dans la cour du Temple ? (21.12)
1. **Des pigeons**
2. De l'encens
3. Des rouleaux de parchemin

6. Qu'a fait Jésus dans la cour du Temple après qu'il est entré dans Jérusalem ? (21.12)
1. Il en a chassé tous les marchands, ainsi que leurs clients.
2. Il a renversé les comptoirs des changeurs d'argent.
3. **Les réponses ci-dessus sont correctes.**

7. Qu'a dit Jésus aux gens à propos de la maison de prière ? (21.13)
1. **Ils en avaient fait un repaire de brigands.**
2. Ils en avaient fait un endroit de louange.
3. Ils en avaient fait un marché.

8. Qu'a fait Jésus après avoir chassé les marchands et leurs clients du Temple ? (21.12, 14)
1. Il a pris une offrande pour l'autel.
2. **Il a guéri ceux qui sont venus à lui.**
3. Il est allé à Nazareth.

9 Qui a testé Jésus avec une question à propos du plus grand commandement ? (22.35-36)

1. Un des disciples
2. Un enseignant de la Loi
3. Le roi Hérode

10 Qu'a dit Jésus concernant le second plus grand commandement ? (22.39)

1. « Ne prends pas le nom de Dieu en vain. »
2. « Aime ton prochain comme toi-même. »
3. « Honore ton père et ta mère. »

QUESTIONS À CHOIX MULTIPLES POUR LE NIVEAU AVANCÉ

Pour préparer les enfants à ce concours, lisez Matthieu 21.1-17 ; 22.34-40.

1 Qu'a fait Jésus à Bethphagé ? (21.1-2)

1. Il a prié et jeûné.
2. Il a envoyé deux disciples trouver une ânesse et son petit.
3. Il a guéri ceux qui étaient malades.
4. Il a raconté la parabole du serviteur sans pitié.

2 Qu'ont fait les disciples avec l'ânesse et son petit ? (21.7)

1. Ils les ont ramenés à Nazareth.
2. Ils sont montés dessus pour aller à Jérusalem.
3. Ils ont posé leurs manteaux sur eux pour que Jésus monte dessus.
4. Ils les ont vendus pour payer la taxe pour le Temple.

3 Qu'a fait la grande foule quand Jésus est entré dans Jérusalem ? (21.8-9)

1. Ils ont étendu leurs manteaux et des branches d'arbres sur le chemin.
2. Ils lui ont jeté des pierres.
3. Ils sont sortis de la ville.
4. Toutes les réponses ci-dessus sont correctes.

4 Quand Jésus est entré dans Jérusalem, comment est-ce que la foule a répondu à la question : « Qui est-ce ? » (21.11)

1. « Jésus, le fils de Marie et Joseph. »
2. « Le Messie »
3. « Jésus, le prophète de Nazareth en Galilée. »
4. « Le nouveau roi de Jérusalem »

5 Qu'a dit Jésus quand il a renversé les comptoirs des changeurs d'argent et des marchands de pigeons ? (21.13)

1. « On appellera ma maison une maison de prière, mais vous, vous en faites un repaire de brigands. »
2. « Tous ceux qui tromperont les innocents mourront. »
3. « Le jour du jugement est venu. »
4. Toutes les réponses ci-dessus sont correctes.

6 Qu'a fait Jésus quand les aveugles et les paralysés se sont approchés de lui dans la cour du Temple ? (21.14)

1. Il les a emmenés au chef des prêtres.
2. Il les a demandés d'apporter un sacrifice.
3. Il les a guéris.
4. Il leur a dit de se laver dans la rivière du Jourdain.

7 Qu'ont crié les enfants dans la cour du Temple ? (21.15)

1. **« Hosanna au Fils de David. »**
2. « Gloire à Dieu au plus haut. »
3. « Le prince de paix est venu. »
4. « Celui qui est sacré est venu. »

8 Qu'a dit Jésus quand les chefs des prêtres et les spécialistes de la Loi l'ont interrogé à propos des cris des enfants ? (21.16)

1. « Laissez les enfants. »
2. **« N'avez-vous donc jamais lu cette parole : De la bouche des tout petits et de celle des nourrissons, tu as su tirer ta louange ? »**
3. « Les enfants sont les prophètes de celui qui est venu. »
4. « Les enfants sont la voix de Dieu. »

9 Qu'a dit Jésus à propos du plus grand commandement de la Loi ? (22.37-38)

1. **« Tu aimeras le Seigneur, ton Dieu, de tout ton cœur, de toute ton âme et de toute ta pensée. »**
2. « Souviens-toi du jour du sabbat pour le sanctifier. »
3. « Tu n'auras pas d'autres dieux devant le Seigneur ton Dieu. »
4. « N'utilises pas le nom du Seigneur ton Dieu en vain. »

10 Selon Jésus, qu'est ce qui est contenu dans les deux commandements les plus grands ? (22.40)

1. Le sermon sur la montagne
2. La règle d'or
3. **La Loi et les prophètes**
4. Les béatitudes

Étude 14

Matthieu 24.36-42 ; 25.1-30

LE VERSET À RETENIR
Et, parce que l'iniquité se sera accrue, la charité du plus grand nombre se refroidira. Mais celui qui persévérera jusqu'à la fin sera sauvé.
(Matthieu 24.12-13)

LA VÉRITÉ BIBLIQUE
Jésus reviendra. Ses disciples se préparent à cet événement.

LE CŒUR DE L'ÉTUDE
Cette leçon aidera les enfants à apprendre que nous avons besoin de nous préparer pour le retour de Jésus.

LE CONSEIL PÉDAGOGIQUE
Pendant que vous dirigez cette étude de la Bible, rappelez aux enfants que s'ils suivent Dieu, ils n'ont pas besoin de craindre le futur. Dieu veut que ses disciples aient la joie et aient confiance en Lui.

LE COMMENTAIRE BIBLIQUE

Seulement le Père sait quand Jésus reviendra. Bien que cela puisse déranger certains, c'est un rappel que nous devons suivre les commandements de Dieu. Nous devons pardonner aux autres et nous préparer pour son retour. Ces deux paraboles nous donnent une image de notre vie quand Jésus reviendra.

Les mariages étaient importants dans la société juive. Un mariage exigeait que l'époux rencontre d'abord le père de la future mariée. Puis, des jeunes filles célibataires accompagneraient l'époux chez lui, avec des torches allumées, pour un festin de noces. Dans la parabole, les dix vierges se sont toutes endormies tandis qu'elles attendaient l'époux. Quand l'époux arriva, seulement cinq des vierges étaient prêtes. À cause de cela, seulement ces cinq vierges ont pu accompagner l'époux au festin. L'époux ferma la porte, et les autres vierges ne pouvaient pas entrer.

La deuxième parabole est une illustration de Dieu et de son rapport avec chacun de nous. Un talent était une petite fortune. Le maître donna différents montants d'argent à différents serviteurs. À chaque serviteur, il a donné un montant qui était équivalent à la capacité du serviteur. Le serviteur qui n'a pas voulu risquer la perte de son talent n'a rien fait de ce seul talent. En fin de compte, ce serviteur a tout perdu.

De ces paraboles, nous nous rendons compte qu'il est important de se préparer pour le retour du Christ. Nous comprenons également que Dieu veut que nous employions nos talents pour le servir et pour établir son Royaume.

LES CARACTÉRISTIQUES DE DIEU

- Dieu sait quand Jésus reviendra, et Il veut que nous nous préparions pour son retour.

- Dieu nous prépare pour effectuer son travail.

LES PAROLES DE NOTRE FOI

La Seconde Venue est le moment où Jésus reviendra sur la terre. Jésus régnera, et il n'y aura plus de mal.

Les dix vierges étaient des jeunes filles célibataires qui étaient des amis ou des membres de la famille de l'épouse ou de l'époux.

L'époux était l'homme qui épouserait la future mariée.

Les lampes étaient des pots d'argile avec des becs. Les gens versaient l'huile dans le pot, et ils plaçaient une mèche dans le bec.

Tailler une lampe veut dire couper l'extrémité brûlée des mèches

L'intérêt est une somme accrue sur l'argent que vous avez déposé dans une banque.

L'ACTIVITÉ

Vous aurez besoin de ces articles suivants pour cette activité :

- Quelques assiettes en papier, une pour chaque enfant qui participe au jeu. Si vous n'avez pas de d'assiettes en papier, utilisez des objets peu près identiques.

- Un autocollant ou un marqueur.

Avant que la classe commence, marquez le bas de la feuille avec l'autocollant ou le marqueur. Exposez les feuilles dans un endroit où les enfants peuvent les voir. Donnez un numéro à chaque enfant. Commencez par un et continuez à compter dans l'ordre jusqu'à ce que chaque enfant ait un numéro.

Dites : **Aujourd'hui, nous lirons une parabole au sujet d'un mariage. Quelques-unes des personnes au mariage ont apporté quelques lampes qui n'ont pas eu suffisamment d'huile. Dans cette activité, ces feuilles représentent les différentes lampes que vous pouvez apporter au mariage. Une de ces lampes n'a pas suffisamment d'huile. Cette lampe porte sur elle une marque en bas.**

Vous avez reçu un numéro. Dans l'ordre numérique, choisissez une des lampes. Quand tous auront choisi une lampe, nous vérifierons pour voir qui a la lampe sans huile. Cette personne est hors du jeu.

Après avoir identifié la lampe sans huile, enlevez une des assiettes en papier sans marque. Mélangez les assiettes en papier qui restent. Les enfants qui font toujours partie du jeu choisiront encore une autre assiette en papier. Cependant, cette fois, commencez dans l'ordre numérique dans le sens inverse. L'enfant avec le nombre le plus élevé choisit la première assiette. Continuez dans l'ordre numérique décroissant jusqu'à ce que tous les enfants choisissent une assiette en papier. Alternez l'ordre numérique pour chaque tour, jusqu'à ce qu'il reste seulement un enfant. Cet enfant gagne le jeu.

Dites : **Quand vous avez choisi une lampe sans huile, vous ne pouviez pas continuer à faire partie du jeu. Aujourd'hui, nous entendrons une parabole que Jésus a dite au sujet de certaines personnes qui n'ont pas mis assez d'huile dans leurs lampes. Nous apprendrons ce qui leurs est arrivé.**

LA LEÇON BIBLIQUE

Préparez l'histoire suivante, adaptée de Matthieu 24.36-42 ; 25.1-30 avant de la raconter aux enfants.

Jésus a prêché à ses disciples. Il a dit : « personne ne sait quand viendra la fin des temps. Seulement le Père connaît

cette information. Quand le Fils de l'homme viendra, ce sera comme au temps de Noé. Avant le déluge, les gens mangeaient, buvaient et continuaient à vivre. Ils n'ont rien su au sujet du déluge jusqu'à ce qu'il ait eu lieu et les emportât. Il en sera ainsi quand le Fils de l'homme viendra. Soyez vigilant, car personne ne sait quand viendra la fin des temps. »

La fin des temps sera comme les dix vierges qui ont pris leurs lampes pour se rendre à un mariage. Cinq des vierges étaient avisées, et elles ont apporté de l'huile supplémentaire pour leurs lampes. Cinq des vierges étaient insensées, et elles n'ont pas apporté de l'huile supplémentaire. À peine l'époux était arrivé, et les vierges se sont endormies.

À minuit, les vierges sont parties rencontrer l'époux. Elles se sont réveillées, et ont taillé leurs lampes. Les vierges insensées n'avaient plus d'huile ; donc, elles ont demandé un peu d'huile aux vierges avisées. Les vierges avisées ont répondu, si nous vous donnons de l'huile, nous n'aurons pas assez pour nous-mêmes. Allez en acheter vous-mêmes. Tandis que les vierges insensées achetaient de l'huile, l'époux arriva. Les vierges qui étaient prêtes l'accompagnèrent au festin et ils fermèrent la porte. Les autres vierges arrivèrent avec leur huile. Elles dirent : Laissez-nous entrer ! Ouvrez-nous la porte !

L'hôte répondit : « Je ne vous connais pas ». Jésus dit, «Par conséquent, tenez-vous en éveil. Personne ne sait quand viendra la fin des temps ».

Jésus donna une autre parabole. Un homme partit en voyage. Il confia quelques-uns de ses biens à ses serviteurs.

Le premier serviteur reçut cinq talents. Le deuxième serviteur reçut deux talents. Le dernier serviteur reçut seulement un talent. Le premier serviteur investit son argent, et il gagna cinq autres talents. Le deuxième serviteur investit également son argent, et il gagna deux autres talents. L'homme qui a reçu un talent enterra son talent dans la terre.

« Le maître revint, et il s'informa sur l'argent qu'il avait remis aux serviteurs. Le serviteur qui a reçu les cinq talents apporta les cinq autres talents. Le maître lui dit : très bien !

Vous avez été fidèle avec les choses que je vous ai confiées. Je vous confierai de plus importantes ».

« Le deuxième serviteur apporta les deux talents ainsi que les deux autres talents. Le maître lui dit : très bien ! Vous avez bien fait avec très peu de chose. Venez partager le bonheur de votre maître ».

Le troisième serviteur dit : Maître, j'avais peur de vous. Pour cette raison, j'ai caché votre talent dans la terre. Voici votre argent. Le maître répondit, « vauriens, fainéant ! Vous auriez dû mettre mon argent à la banque. J'aurai pu récupérer un intérêt sur mon argent. Je prendrai votre talent, et je le donnerai au serviteur qui possède les dix talents. À celui qui a, il lui sera donné encore plus. Jetez ce serviteur au dehors, où il y a de l'obscurité ».

Encouragez les enfants à répondre aux questions suivantes. Il n'y a pas de bonnes ou de mauvaises réponses. Ces questions aideront les enfants à comprendre l'histoire et à l'appliquer à leurs vies.

1. Les cinq vierges folles n'ont pas pu participer aux noces. D'après vous, comment se sont-elles senties au sujet de leur exclusion ?

2. Beaucoup de gens ont essayé de prédire la date du retour de Jésus. Pourquoi les gens sentent-ils la nécessité de prédire cet événement ?

3. Pourquoi le serviteur qui avait reçu un talent avait-il peur du maître ? Avez-vous jamais fait quelque chose parce que vous aviez peur d'une personne ?

Dites, **avez-vous jamais aidé vos parents à se préparer à recevoir un visiteur ? Quels genres de tâches avez-vous effectuées ? Est-ce que tout était prêt avant que votre visiteur soit arrivé ?** Quand Jésus a laissé cette terre pour aller de nouveau au ciel, Il a promis qu'il reviendrait. Il est allé préparer une place pour nous. Nous ne savons pas quand il reviendra. Cependant, Jésus viendra encore pour emmener au ciel ceux qui ont demandé le pardon de leurs péchés et qui le suivent. Jésus nous invite à obéir et à nous préparer pour son retour. **Comment pouvez-vous vous préparer pour l'avènement de Jésus ?**

LE VERSET À RETENIR
Pratiquez le verset à retenir de l'étude. Vous trouverez des suggestions pour les versets à retenir aux pages 137 et 138.

LES ACTIVITÉS SUPPLÉMENTAIRES
1. En tant que classe, discutez de la parabole des talents. Quoique les talents dans cette histoire se rapportent à l'argent, discutez comment nous employons nos cadeaux et talents. Comment pouvons-nous employer nos talents pour glorifier Dieu ?

2. En tant que classe, recherchez comment les gens ont utilisé les lampes dans le temps de Jésus. Laissez chaque enfant dessiner une lampe.

QUESTIONS À CHOIX MULTIPLES POUR LE NIVEAU DE BASE
Préparez les enfants à ce concours, lisez Matthieu 24.36-42 ; 25.1-30.

1 Jésus a dit que le Seigneur reviendra au moment où nous ne l'attendons pas. Que devrions-nous faire ? (24.42)
1. Être vigilant
2. Attendre tout simplement
3. Les réponses ci-dessus sont bonnes

2 Pourquoi les dix vierges ont-elles pris leurs lampes et sont-elles sorties ? (25.1)
1. Pour voir ce qui se passait
2. **Pour rencontrer le marié**
3. Pour rencontrer la famille du marié

3 Pourquoi cinq des vierges étaient-elles avisées ? (25.4)
1. Elles ont emmené avec elles les lampes et l'huile.
2. Elles savaient exactement quand le marié arriverait.
3. Les réponses ci-dessus sont bonnes.

4 Comment les vierges avisées ont-elles répondu aux vierges insensées lorsqu'elles leur ont demandé de l'huile ? (25.9)
1. « Il n'y en a pas assez pour vous et pour nous. »
2. « Allez chez ceux qui vendent de l'huile, et achetez-en pour vous-mêmes. »
3. **Les réponses ci-dessus sont correctes.**

5 Que s'est-il passé tandis que les vierges insensées allaient acheter l'huile ? (25.10)

1. Les vierges sages ont manqué d'huile.
2. **Le marié est venu.**
3. Les vierges sages se sont endormies.

6 Qu'est-ce que l'homme avec un talent a fait avec son argent ? (25.18)

1. Il a gagné un talent de plus.
2. Il a mis son argent à la banque.
3. **Il a creusé un trou et a enterré son talent.**

7 Quand le Maître est revenu, qu'a dit l'homme qui a reçu les cinq talents ? (25.20)

1. Je suis désolé. J'ai gaspillé votre argent.
2. **Voyez, j'en ai gagné cinq de plus.**
3. J'ai mis votre argent à la banque.

8 Qu'a dit le maître à l'homme qui avait gagné les cinq autres talents ? (25.21)

1. Très bien, bon et fidèle serviteur.
2. Tu t'es montré fidèle en peu de chose, je te confierai de plus importantes.
3. **Les réponses ci-dessus sont correctes.**

9 Qu'a dit le maître à l'homme qui avait gagné deux autres talents ? (25.23)

1. **Venez partager le bonheur de votre Maître.**
2. Vous devriez distribuer vos talents.
3. Venez participer à un festin à votre honneur.

10 Qu'a dit le maître à l'homme qui a caché son talent dans la terre ? (25.26-27)

1. Vous, vaurien, fainéant !
2. Vous auriez dû déposer mon argent à la banque.
3. **Les réponses ci-dessus sont bonnes.**

QUESTIONS À CHOIX MULTIPLES POUR LE NIVEAU AVANCÉ

Pour préparer les enfants à ce concours, lisez Matthieu 24.36-42 ; 25.1-30.

1 Qui connaît le jour et l'heure de l'avènement du Christ ? (24.36)

1. Les anges
2. **Le Père**
3. les pasteurs
4. Jésus

2 Pourquoi devez-vous veiller et vous préparer ? (24.42)

1. **Personne ne sait quand le Seigneur reviendra.**
2. Les gens essayeront de voler votre maison.
3. Vous pourriez faire un accident.
4. Il y a beaucoup travail à faire.

3 Qu'ont fait les vierges pendant que le marié prenait du temps à venir ? (25.5)

1. Elles ont recherché le marié.
2. Elles sont restées éveillées.
3. Elles se sont occupées à faire quelque chose d'autre.
4. **Elles se sont endormies.**

4 Quel cri a sonné dehors à minuit ? (25.6)

1. Réveillez-vous ! Le marié est presque ici.
2. **Voici le marié ! Sortez à sa rencontre.**
3. « Allumez vos lampes ! »
4. « Allez acheter de l'huile rapidement ! Le marié arrive. »

5 Qu'ont fait les vierges lorsqu'elles ont entendu le cri de minuit ? (25.6-7)

1. Toutes ont continué à dormir.
2. Les vierges avisées ont réveillé les vierges insensées.
3. **Elles se sont réveillées et elles ont taillé leurs lampes.**
4. Les vierges avisées se sont réveillées, et les vierges insensées sont restées endormies.

6 Que s'est-il passé tandis que les vierges folles allaient acheter de l'huile ? (25.10)

1. Le marié est arrivé.
2. Les vierges qui étaient prêtes sont entrées avec lui au festin de noces.
3. La porte a été fermée.
4. **Toutes les réponses ci-dessus sont correctes.**

7 Combien de talents le maître a-t-il donnés à ses serviteurs ? (25.15)

1. **À un serviteur, il a donné cinq talents. À un autre, il a donné deux talents, et le dernier a reçu un talent.**
2. Il a donné 10 talents à un serviteur et cinq talents à chacun des deux autres serviteurs.
3. Il a donné à chaque serviteur 10 talents.
4. Il a donné à chaque serviteur 5 talents.

8 Qu'est-ce que l'homme avec les cinq talents et l'homme avec les deux talents on fait avec leur argent ? (25.16-17)

1. Ils ont donné leurs talents aux gens qui n'avaient pas d'argent.
2. **L'homme qui avait reçu cinq talents a gagné cinq autres talents, et l'homme qui avait reçu deux talents a gagné deux autres talents.**
3. Ils ont donné leurs talents à l'homme qui avait un talent.
4. Ils n'ont rien fait avec leurs talents.

9 Qu'a fait le maître avec le talent que son serviteur avait caché dans la terre ? (25.25, 28)

1. Il l'a donné à l'homme qui avait les deux talents.
2. Il l'a donné à la banque.
3. **Il l'a donné à l'homme qui avait les 10 talents.**
4. Il l'a donné à son fils.

10 Complétez ce verset : « Et, parce que l'iniquité se sera accrue, la charité du plus grand nombre se refroidira. Mais… » (Matthew 24.12-13)

1. « … celui qui persévérera jusqu'à la fin sera sauvé. »
2. « … Dieu punira ceux qui font le mal. »
3. « … ils ne sauront pas ce qu'ils font. »
4. « … Dieu restera fidèle. »

Étude 15

Matthieu 26.1-30

LE VERSET À RETENIR
En lui nous avons la rédemption par son sang, la rémission des péchés, selon la richesse de sa grâce.
(Éphésiens 1.7)

LA VÉRITÉ BIBLIQUE
Jésus s'est volontairement préparé à donner sa vie pour l'humanité.

LE CŒUR DE L'ÉTUDE
Dans cette leçon, les enfants apprendront que Jésus a donné une nouvelle signification au pain et à la coupe.

LE CONSEIL PÉDAGOGIQUE
Aidez les enfants à comprendre l'importance de chaque événement qui s'est passé. Lisez le commentaire biblique et effectuez des recherches supplémentaires pour d'autres informations.

LE COMMENTAIRE BIBLIQUE

Comme l'heure de la mort de Jésus approchait, il tenta de préparer les disciples. Plus précisément, Jésus dit qu'il subirait une crucifixion pendant le temps de la célébration de la Pâque. Nous ne savons pas ce que les disciples pensaient à ce sujet. Au lieu de cela, nous avons appris des actions des grands prêtres qui ont vérifié les paroles de Jésus. Jésus déclara ce qui était sur le point de se produire avant que les grands prêtres aient terminé leurs plans.

Nous avons aussi appris au sujet d'une femme qui a oint Jésus de parfum. C'était une pratique funéraire courante de verser de l'huile sur un cadavre. Les disciples voyaient l'action de la femme comme un gaspillage. Cependant, Jésus, dans une autre tentative de révéler aux disciples qu'il subirait une crucifixion, félicita la femme pour son action. Jésus lui dit que son action le préparait pour la crucifixion.

En bref, la crucifixion faisait partie du plan de Jésus. Ce n'était pas une erreur qui lui prit par surprise. Ce n'était pas une mort dont il ne pouvait pas s'échapper, bien que les dirigeants juifs et romains le lui aient imposé.

Jésus a eu une bonne compréhension de l'importance de sa mort et comment elle s'insère dans le plan du salut. La mort sacrificielle de Jésus a introduit le sacrifice de la Pâque – le sang de l'agneau – dans sa plénitude. Le repas de la Pâque symbolisait aussi le salut de Dieu. Jésus utilisa le repas pour montrer qu'il était la réalisation du plan de Dieu.

LES CARACTÉRISTIQUES DE DIEU

- Jésus s'est préparé à donner sa vie pour l'humanité.
- Jésus nous a enseigné à se souvenir de lui lorsque nous célébrons la Sainte Cène.

LES PAROLES DE NOTRE FOI

Une alliance est un accord entre Dieu et son peuple. Dieu et les hommes font des promesses les uns aux autres. Les **alliances** de Dieu nous offrent une relation d'amour avec Lui.

Le souverain sacrificateur était le leader spirituel du peuple juif. **Caïphe** fut le grand prêtre qui conspira l'arrestation de Jésus et qui demanda sa mort.

Le Rabbin est un mot juif utilisé pour enseignant.

Le mont des Oliviers était une région boisée semblable à un parc où les gens allaient pour s'éloigner de la ville, la chaleur et les foules à Jérusalem.

La Pâque est la fête juive annuelle qui célèbre la délivrance par Dieu des Israélites de l'esclavage en Égypte.

L'Albâtre est une pierre d'un blanc doux ou de couleur pâle. Les gens la taillent pour faire de beaux vases et de petites boîtes.

LA LEÇON BIBLIQUE

Préparez l'histoire suivante adaptée de Matthieu 26.1-30 avant de le dire aux enfants.

Jésus dit à ses disciples : « la Pâque est dans deux jours, et le Fils de l'homme sera livré pour être crucifié ».

Les principaux sacrificateurs et les anciens se réunirent dans le palais de Caïphe, le souverain sacrificateur. Ils délibérèrent sur les moyens d'arrêter Jésus et de le faire mourir. « Mais, que ce ne soit pas pendant la fête », dirent-ils, « car il peut y avoir une émeute parmi le peuple ».

Jésus était à Béthanie dans la maison de Simon le lépreux. Une femme s'approcha de lui tenant un vase d'albâtre d'un parfum de grand prix. Elle le répandit sur sa tête. Les disciples s'indignèrent : « on aurait pu vendre ce parfum très cher et en donner le prix aux pauvres ».

Jésus dit : « cette femme a fait une bonne action à mon égard. En répandant ce parfum sur mon corps, elle l'a fait pour ma sépulture. Partout où cette bonne nouvelle sera prêchée, dans le monde entier, on racontera aussi en mémoire de cette femme ce qu'elle a fait ».

Alors l'un des douze, appelé Judas Iscariote, alla vers les principaux sacrificateurs, et dit : « Que voulez-vous me donner, et je vous le livrerai ? » Et ils lui payèrent trente pièces d'argent.

Depuis ce moment, il cherchait une occasion favorable pour livrer Jésus.

Le premier jour des pains sans levain, les disciples s'adressèrent à Jésus, pour lui dire : Où veux-tu que nous te préparions le repas de la Pâque ?

Il répondit : « Allez à la ville chez un tel, et vous lui direz : Le Maître dit : Mon temps est proche ; je ferai chez toi la Pâque avec mes disciples ».

Les disciples firent ce que Jésus leur avait ordonné, et ils préparèrent la Pâque.

Les disciples firent ce que Jésus leur avait ordonné, et ils préparèrent la Pâque.

Le soir étant venu, il se mit à table avec les douze.

Pendant qu'ils mangeaient, il dit : « Je vous le dis en vérité, l'un de vous me livrera ».

Ils furent profondément attristés, et chacun se mit à lui dire : « Est-ce moi, Seigneur ? »

Il répondit : Celui qui a mis avec moi la main dans le plat, c'est celui qui me livrera.

Le Fils de l'homme s'en va, selon ce qui est écrit de lui. Mais malheur à l'homme par qui le Fils de l'homme est livré ! Mieux vaudrait pour cet homme qu'il ne fût pas né.

Judas, qui le livrait, prit la parole et dit : « Est-ce moi, Rabbin ? » Jésus lui répondit : « Tu l'as dit ».

Pendant qu'ils mangeaient, Jésus prit du pain ; et, après avoir rendu grâces, il le rompit, et le donna aux disciples, en disant : « Prenez, mangez, ceci est mon corps ».

Il prit ensuite une coupe ; et, après avoir rendu grâces, il la leur donna, en disant : « Buvez-en tous ;

Car ceci est mon sang, le sang de l'alliance, qui est répandu pour plusieurs, pour la rémission des péchés ».

Je vous le dis : « je ne boirai plus désormais de ce fruit de la vigne, jusqu'au jour où j'en boirai du nouveau avec vous dans le royaume de mon Père ».

Après avoir chanté un cantique, ils se rendirent sur le mont des Oliviers.

Encourager les enfants à répondre aux questions suivantes. Il n'y a pas de bonnes ou de mauvaises. Ces questions aideront les enfants à comprendre l'histoire et l'appliquer à leurs vies.

1. Que pensez-vous que les disciples ont ressenti quand Jésus leur a dit qu'il subirait une crucifixion et que la femme l'a préparé pour son ensevelissement ? Expliquez votre réponse.

2. Croyez-vous que les disciples ont eu tort quand ils se sont mis en colère contre la femme qui a répandu le parfum sur la tête de Jésus ? Pourquoi ou pourquoi pas ?

3. Quels sont divers motifs qui ont porté Judas à trahir Jésus ? Avez-vous jamais été trahi par un ami ?

4. Imaginez que vous étiez un disciple participant au repas de la Pâque. Comment vous sentiriez-vous quand Jésus vous a dit qu'un disciple le trahirait ? Que pensez-vous que Judas a ressenti lorsqu'il a réalisé que Jésus savait qu'il serait le traître ?

Dites, **Comme le temps de la mort de Jésus approchait, il a célébré la Pâque avec ses disciples. Pendant qu'ils mangeaient, Jésus prit le pain, et le rompit. Jésus donna le pain aux disciples en leur expliquant que le pain représentait son corps. Jésus prit la coupe, et la leur donna. Jésus leur dit que le vin représentait son sang qu'il a donné pour le pardon des péchés de tous les peuples. Aujourd'hui, nous nous référons à ce repas comme le repas du Seigneur ou la Sainte Cène. Les chrétiens d'aujourd'hui participent à la Sainte Cène afin de se souvenir de la souffrance et de la mort de Jésus sur la Croix. Lorsque vous prenez la Sainte Cène, pensez à ce que Jésus a fait pour vous. Nous pouvons obtenir le pardon pour nos péchés parce que Jésus a donné sa vie.**

L'ACTIVITÉ

Dites : **Aujourd'hui, nous avons étudié la fête de la Pâque que Jésus et ses disciples ont partagée. Au cours de la fête, les Juifs ont mangé du pain sans levain et bu du vin. Cela symbolisait le temps où Dieu a aidé son peuple à s'évader rapidement du** joug de Pharaon (Exode 12). Au cours de la dernière Cène, Jésus a donné une signification nouvelle au pain et au vin. Il a dit à ses disciples que ces éléments représentaient son corps et son sang. Aujourd'hui, nous prenons la Sainte Cène avec le pain et le jus pour nous rappeler le sacrifice de Jésus.

Demandez à votre pasteur de venir parler de la Sainte Cène et de répondre aux questions des enfants.

LE VERSET À RETENIR

Pratiquez les versets à retenir de l'étude. Vous trouverez des suggestions pour les activités des versets à retenir aux pages 137 et 138.

LES ACTIVITÉS SUPPLÉMENTAIRES

Choisissez parmi ces options pour améliorer l'étude biblique des enfants.

1. Recherchez la pratique du Nouveau Testament de répandre du parfum sur la tête d'une personne. Quelle était la signification de cette pratique ? Pourquoi cela faisait-il partie d'un rituel funéraire ? Imaginez que vous êtes la femme qui a répandu le parfum sur la tête de Jésus. D'après vous, comment s'est-elle sentie avant, pendant et après qu'elle l'a fait ? Comment pensez-vous qu'elle a répondu lorsque Jésus lui a dit que le monde entier saura ce qu'elle a fait pour lui ?

2. Faites une exposition chronologique des événements que Jésus a connus dans cette étude. Écrivez ou illustrez les éléments suivants pour chaque situation : Ce qui est arrivé ? Comment Jésus a répondu ? Comment vous pensez que Jésus se sentait face à chaque événement ?

QUESTIONS À CHOIX MULTIPLES POUR LE NIVEAU DE BASE

Pour préparer les enfants à ce concours, lisez Matthieu 26.1-30.

1 Selon Jésus, qui connaîtrait une crucifixion ? (26.2)

1. Le Fils de l'homme
2. Pierre
3. Le fils de Jean

2 Quel était le nom du grand prêtre ? (26.3)

1. Joseph
2. Caïphe
3. Pilate

3 Dans quelle ville Simon le lépreux vivait ? (26.6)

1. Bethléem
2. Béthanie
3. Jérusalem

4 Qu'a fait à Jésus la femme à la maison de Simon le lépreux ? (26 : 6-7)

1. Elle a répandu du parfum sur sa tête.
2. Elle s'inclina en signe de respect.
3. Elle lui donna à manger.

5 Comment Jésus a-t-il décrit l'action de la femme qui a répandu le parfum sur lui ? (26.10)

1. Médiocre
2. Belle
3. Un gaspillage

6 Qui Jésus a-t-il dit aux disciples serait avec eux pour toujours ? (26.11)

1. Le pauvre
2. Le riche
3. Le Fils de Dieu

7 Combien d'argent les grands prêtres donnèrent-ils à Judas pour qu'il leur livre Jésus ? (26.14-15)

1. 10 pièces d'or
2. 30 pièces d'argent
3. 40 pièces de cuivre

8 Qu'a dit Jésus quand il a rompu le pain au repas de Pâque ? (26.26)

1. « Mangez ce pain. Nous avons une longue nuit devant nous »
2. « Ce pain me rappelle nos ancêtres qui ont fui les Égyptiens. »
3. « Prenez, mangez, Ceci est mon corps. »

9 Pour quelle raison Jésus a-t-il dit qu'il a versé son sang, le sang de l'alliance ? (26.28)

1. Pour sauver ses disciples seulement
2. Pour le pardon des péchés
3. Pour les péchés de sa famille

10 Après que Jésus et les disciples aient chanté un hymne à la fête de la Pâque, où sont-ils allés ? (26.30)

1. Sur le mont des Oliviers
2. À la mer de Galilée
3. À la ville de Nazareth

QUESTIONS À CHOIX MULTIPLES POUR LE NIVEAU AVANCÉ

Pour préparer les enfants à ce concours, lisez Matthieu 26.1-30.

1 Deux jours avant la Pâque, qu'est-ce que Jésus a dit à ses disciples au sujet de ce qui arriverait au Fils de l'homme ? (26.2)

1. Quelqu'un va le livrer pour sa crucifixion.
2. Il expérimenterait un baptême dans le Jourdain.
3. Il deviendrait le Roi de Jérusalem.
4. Toutes les réponses ci-dessus sont correctes.

2 Pourquoi les grands prêtres et les anciens ne voulaient-ils pas procéder à l'arrestation de Jésus pendant la fête ? (26.4-5)

1. Il pourrait y avoir des problèmes avec les gardes romaines.
2. Il pourrait y avoir enfants dans la ville.
3. Des innocents pourraient être blessés.
4. Cela pourrait provoquer une émeute parmi le peuple.

3 Qu'a fait la femme à Jésus pour le préparer pour l'ensevelissement ? (26.7, 12)

1. Elle l'a enveloppé dans des vêtements de grand prix.
2. Elle a lavé ses pieds avec de l'eau.
3. Elle a répandu du parfum sur sa tête.
4. Elle a coupé ses cheveux.

4 **Comment Jésus a-t-il décrit l'action de la femme qui a répandu le parfum sur lui ? (26.10)**

1. Médiocre
2. Confuse
3. Un gaspillage.
4. **Belle**

5 **Qu'a fait Judas après avoir pris les trente pièces d'argent des mains des grands prêtres ? (26.15-16)**

1. **Il chercha une occasion favorable pour livrer Jésus au grand prêtre.**
2. Il s'enfuit.
3. Il alla à la maison de Simon le lépreux.
4. Il chercha un soldat romain.

6 **Qui Jésus a-t-il dit que Judas trahirait ? (26.23-25)**

1. Jean
2. Joseph
3. **Jésus**
4. Pierre

7 **Alors qu'ils mangeaient le repas de la Pâque, qu'a fait Jésus avec le pain ? (26.26)**

1. Il rendit grâces, et il rompit le pain.
2. Il donna le pain à ses disciples.
3. Il dit, « prenez et mangez ; ceci est mon corps. »
4. **Toutes les réponses ci-dessus sont correctes.**

8 **Qu'a dit Jésus quand il prit la coupe, rendit grâces et la leur donna ? (26.27-28)**

1. « Buvez-en tous. »
2. « Ceci est mon sang ; le sang de l'alliance. »
3. « Il est versé pour beaucoup pour le pardon des péchés. »
4. **Toutes les réponses ci-dessus sont correctes.**

9 **Au cours de quel jour de congé Jésus a-t-il confié à ses disciples la nouvelle signification pour le pain et la coupe ? (26.19 ; 26.28)**

1. Le Bar Mitzphah
2. Le Jour de l'Expiation
3. **La Pâque**
4. Hanoukka

10 **Terminez ce verset : « En lui nous avons la rédemption par son sang, ... » (Éphésiens 1.7)**

1. « ... et recevez le salut par sa grâce. »
2. « ... nous sommes ses enfants et il a nous a sauvés. »
3. **« ... la rémission des péchés selon la richesse de sa grâce. »**
4. « ... quand nous prenons la Sainte Cène. »

Étude 16

Matthieu 26.31-56

LE VERSET À RETENIR

Puis, ayant fait quelques pas en avant, il se jeta sur sa face, et pria ainsi : Mon Père, s'il est possible, que cette coupe s'éloigne de moi ! Toutefois, non pas ce que je veux, mais ce que tu veux.
(Matthieu 26.39)

LA VÉRITÉ BIBLIQUE

Jésus a lutté, mais il a choisi de suivre la volonté de Dieu pour notre salut.

LE CŒUR DE L'ÉTUDE

Cette leçon enseignera aux enfants que même lorsque les luttes arrivent, il est important de suivre la volonté de Dieu pour nous. Dieu ne désire pas que nous souffrons. Cependant, la souffrance se produit en tant que résultat de nos choix de l'humanité pécheresse.

LE CONSEIL PÉDAGOGIQUE

Lorsque vous animerez l'étude de la Bible, rappelez aux enfants que la volonté de Dieu est plus importante que la volonté des hommes. Jésus le savait et il l'a mentionné dans sa prière.

LA LEÇON BIBLIQUE

Il est vrai que Jésus avait le plan de se sacrifier afin de sauver l'humanité du péché et de la mort. Il est également vrai qu'il a librement choisi d'aller à Jérusalem pour accomplir la prophétie des prophètes de l'Ancien Testament. Il n'a pas fui. Néanmoins, sa souffrance et sa mort imminente n'étaient pas faciles à supporter.

Quand Jésus était « triste jusqu'à la mort » il nous donna le plus grand exemple de la façon de réagir à la souffrance – il s'est tourné vers le Père. Jésus a honnêtement dit à son Père qu'il préférerait éviter la crucifixion. Cependant, il s'est soumis lui-même à la volonté du Père. Jésus savait que les résultats de la douleur étaient plus grands que la douleur elle-même.

Après cette lutte, Jésus s'est résolu à suivre la volonté de Dieu. La résolution de Jésus se tient dans un contraste important face à la résolution des disciples. Les disciples ont promis qu'ils soutiendraient Jésus. Cependant, les disciples n'ont pas observé, n'ont pas prié, et n'ont pas résisté à la tentation. Les disciples également ne sont pas restés fidèles au Christ face au danger. Ils n'ont pas cherché leur force en Dieu, et leur propre force était insuffisante.

Jésus était humain et aussi divin. Jésus connaît nos limitations humaines et les profondeurs de la souffrance. Jésus nous montre le droit chemin à suivre. Ce chemin nous enseigne à suivre les conseils de Dieu et à nous soumettre à la volonté de Dieu quel que soit le prix à payer. Rien n'a plus de valeur que de maintenir notre relation avec Dieu par l'obéissance.

LES CARACTÉRISTIQUES DE DIEU

- Jésus a prié pour la volonté de Dieu.
- Jésus a choisi de suivre la volonté de Dieu pour notre salut.

LES PAROLES DE NOTRE FOI

La volonté de Dieu est la rédemption que Dieu veut pour toute sa création. Le Saint-Esprit nous révèle la **volonté de Dieu** quand nous prions, lisons la bible, et parlons avec les chrétiens expérimentés.

Les fils de Zébédée étaient Jacques et Jean.

Le Fils de l'homme était un nom pour Jésus.

La Galilée était un secteur nordique de la Palestine où Jésus a grandi et a prêché.

Gethsémani était un jardin sur le mont des Oliviers.

Renier signifie rejeter, nier, ou tourner le dos à quelqu'un.

Cette coupe se rapporte à la tristesse profonde et à la douleur que Jésus allait bientôt endurer.

Trahir signifie utiliser la confiance d'un ami pour le nuire.

Une légion était un ensemble de 6.000 soldats romains. Douze légions d'anges seraient 72.000 anges.

L'ACTIVITÉ

Vous aurez besoin de ces articles suivants pour cette activité :

- Du ruban adhésif ou une corde

Avant le cours, créez deux lignes parallèles sur le plancher. Les lignes devront être d'environ 5 ou 6 mètres de distance. Faites les lignes assez longues pour que tous les enfants puissent se tenir dessus. Employez le ruban adhésif ou la corde pour marquer les lignes. Ces lignes marquent le commencement et la fin du tour que les enfants feront.

Demandez aux enfants de se diviser en groupes de deux. Offrez-leur de l'aide s'ils en ont besoin.

Dites, **aujourd'hui, nous apprendrons comment Dieu nous aide quand les choses sont difficiles. Chaque paire d'enfants enverra une personne à la ligne de départ. Ce n'est pas une course. Il n'y aura aucun gagnant. Toux ceux qui sont à la ligne de départ doivent traverser la ligne d'arrivée. Pour y arriver, vous devez sauter sur un pied pendant tout le trajet. Après avoir terminé, nous répéterons cette activité. Cependant, la deuxième fois, vous pouvez mettre une main sur votre associé, et votre associé peut vous guider à la ligne d'arrivée.**

Attendez jusqu'à ce que tous les enfants aient franchi la ligne d'arrivée. Dites, **c'était difficile de sauter sur un pied jusqu'à la ligne d'arrivée. Cependant, c'était beaucoup plus facile quand votre associé pouvait vous soutenir. Aujourd'hui, nous apprendrons comment Dieu a aidé Jésus à traverser un moment difficile.**

LA LEÇON BIBLIQUE

Préparez l'histoire suivante, adaptée de Matthieu 26.31-56 avant de le raconter aux enfants.

Jésus dit à ses disciples : « Ce soir, vous allez être ébranlés. Cependant, après que je me lèverai d'entre les morts, je vous précéderai en Galilée. »

Pierre répliqua, « même si tous les autres seront ébranlés, moi, je ne le serai pas. »

Jésus lui dit : « Je te le dis en vérité, cette nuit même, avant que le coq chante, tu me renieras trois fois. »

Pierre lui répondit : « Quand il me faudrait mourir avec toi, je ne te renierai pas. Et tous les disciples dirent la même chose. »

Là-dessus, Jésus alla avec eux dans un lieu appelé Gethsémani, et il dit aux disciples : « Restez ici, pendant que je m'éloignerai pour prier. »

Il prit avec lui Pierre, Jacques et Jean. Il commença à éprouver de la tristesse et des angoisses. Il dit à ses disciples : « je suis accablé de tristesse, à en mourir. Restez ici et veillez avec moi. »

Puis, ayant fait quelques pas en avant dans le jardin, il se jeta sur sa face, et pria ainsi : « Mon Père, si tu le veux, écarte de moi cette coupe ! Toutefois, non pas ce que je veux, mais ce que tu veux. »

Et il vint vers les disciples, qu'il trouva endormis, et il dit : « Vous n'avez donc pas pu veiller une heure avec moi ? »

Il dit à Pierre : « Veillez et priez, pour ne pas céder à la tentation ; l'esprit de l'homme est plein de bonne volonté, mais la nature humaine est bien faible. »

Il s'éloigna une seconde fois, et pria ainsi : « Mon Père, s'il n'est pas possible que cette coupe s'éloigne sans que je la boive, que ta volonté soit faite ! »

Il revint, et les trouva encore endormis ; car leurs yeux étaient appesantis. Il les quitta, et, s'éloignant, il pria pour la troisième fois.

Puis il alla vers ses disciples, et leur dit : « Vous dormez maintenant, et vous vous reposez ! Voici, l'heure est proche, et le Fils de l'homme est livré aux mains des pécheurs. Levez-vous, allons ; voici, celui qui me livre s'approche. »

Comme Jésus parlait encore, voici, Judas, arriva, et avec lui une troupe d'armée nombreuse. Judas a antérieurement arrangé un signe avec cette troupe. Il leur a dit : « Celui que j'embrasserai, c'est lui ; saisissez-le. » Aussitôt, Judas s'approcha de Jésus, et dit : « Salut, Rabbi ! » Et il le baisa.

Jésus lui dit : « Ce que tu es venu faire, fais-le. » Alors ces gens s'avancèrent, mirent la main sur Jésus, et le saisirent. Et voici, un de ceux qui étaient avec Jésus étendit la main, et tira son épée ; il frappa le serviteur du souverain sacrificateur, et lui emporta l'oreille.

Alors Jésus lui dit : « Remets ton épée à sa place ; car tous ceux qui prendront l'épée périront par l'épée. Penses-tu que je ne puisse pas invoquer mon Père, qui me donnerait à l'instant plus de douze légions d'anges ? » Comment donc s'accompliraient les Écritures, d'après lesquelles il doit en être ainsi ?

En ce moment, Jésus dit à la troupe : « Vous êtes venus, comme après un bandit, avec des épées et des gourdins, pour vous emparer de moi. J'étais tous les jours assis parmi vous, enseignant dans le temple, et vous ne m'avez pas arrêté. Mais tout cela est arrivé afin que les écrits des prophètes soient accomplis. »

Alors tous les disciples abandonnèrent Jésus, et prirent la fuite.

Encouragez les enfants à répondre aux questions suivantes. Il n'y a pas de bonnes ou de mauvaises réponses. Ces questions aident les enfants à comprendre l'histoire et à l'appliquer à leurs vies.

1. Comment Pierre s'est-il senti quand Jésus a dit que Pierre le renierait ? Avez-vous jamais défendu un ami, même lorsque d'autres ne le font pas ? Était-ce facile ou difficile ?

2. Jésus a sincèrement prié pour que Dieu lui permette de ne pas mourir. Vous est-il déjà arrivé de faire quelque chose pour Dieu que vous n'avez pas voulu faire ? Qu'avez-vous ressenti face à cela ?

3. Pourquoi les disciples ont-ils fui après que la foule ait arrêté Jésus ? Comment pensez-vous que Jésus se sentait suite à cela ? Avez-vous jamais eu des amis qui ne vous ont pas défendu quand vous avez eu besoin d'eux ? Comment vous êtes-vous senti ?

Dites, Quelle est la volonté de Dieu pour moi ? C'est une question qui dérange chaque chrétien à un moment donné de sa vie. Jésus n'était pas une exception. Dans le jardin, Jésus était extrêmement triste. Il a demandé à Dieu s'il y avait une autre manière d'accomplir sa mission. Ensuite, Jésus a choisi de faire la volonté de Dieu.

Comment trouvez-vous la volonté de Dieu ? Lisez votre Bible loyalement. Priez et écoutez attentivement la direction de Dieu. Cherchez la volonté de Dieu dans chaque secteur de votre vie. Quand vous suivez la volonté de Dieu, vous prenez les meilleures décisions.

LE VERSET À RETENIR

Pratiquez le verset à retenir. Vous trouverez des suggestions pour les activités des versets à retenir aux pages 137 et 138.

LES ACTIVITÉS SUPPLÉMENTAIRES

Choisissez ces options pour accentuer l'étude biblique des enfants.

1. En tant que classe, parlez des situations où la prière a aidé. Faites une liste de ces situations. Demandez à ceux qui ont parlé de partager comment Dieu les a aidés dans la situation.

2. Recherchez la géographie de Jérusalem à la période de Jésus. Dessinez une carte simple pour faciliter votre discussion. Gardez cette carte, et employez-la pendant que la classe discute de la crucifixion et de la résurrection de Jésus.

QUESTIONS À CHOIX MULTIPLES POUR LE NIVEAU DE BASE

Pour préparer les enfants à ce concours, lisez Matthieu 26.31-56.

1 Où Jésus a dit qu'il irait après sa résurrection ? (26.32)
1. Galilée
2. Rome
3. Jérusalem

2 Qui a dit « Même si je dois mourir avec toi, je ne te renierai pas » ? (26.35)
1. Judas
2. Jean
3. Pierre

3 Qui est-ce que Jésus a pris de côté avec lui quand il est allé prier dans Gethsémani ? (26.37)
1. Marc, Jean et Judas
2. **Pierre et les deux fils de Zébédée**
3. Pierre et Judas

4 Comment Jésus s'est-il senti quand il est allé prier dans Gethsémani ? (26.37)

1. Souffrant
2. préoccupé
3. **Les réponses ci-dessus sont correctes**

5 Qu'a fait Jésus quand il a commencé à prier dans Gethsémani ? (26.39)

1. **Il tomba le visage contre terre**
2. Il s'est assis sur une roche
3. Il s'est mis debout

6 Qu'est-ce que Jésus voulait que Dieu fasse quand il a prié dans Gethsémani ? (26.39)

1. « Que cette coupe s'éloigne de moi »
2. « Mais, non pas ce que je veux, mais ce que tu veux »
3. **Les réponses ci-dessus sont correctes**

7 Qu'est-ce que Jésus a demandé à Pierre quand il a trouvé les disciples endormis ? (26.40)

1. « Pourquoi vous m'avez déçu ? »
2. **« Vous ne pouvez pas veiller une heure avec moi ? »**
3. « Avez-vous vu Judas ? »

8 Quel était le signe que Judas a donné pour l'arrestation de Jésus ? (26.48)

1. Une poignée de main
2. **Un baiser**
3. Une étreinte

9 Que s'est-il produit quand les hommes se sont avancés, ont saisi Jésus, et l'ont arrêté ? (26.50-51)

1. Un des compagnons de Jésus coupa l'oreille du serviteur du grand prêtre
2. Les hommes étaient au dépourvu
3. **Les réponses ci-dessus sont correctes**

10 Après l'arrestation de Jésus, que firent les disciples ? (26.56)

1. Ils ont continué à dormir.
2. Ils sont restés avec lui jusqu'à la fin
3. **Ils l'ont quitté et ont fui**

QUESTIONS À CHOIX MULTIPLES POUR LE NIVEAU AVANCÉ

Pour préparer les enfants à ce concours, lisez Matthieu 26.31-56.

1 Qu'a dit Jésus qui se produirait trois fois avant que le coq chanta ? (26.34)

1. Les Pharisiens arrêteraient Jésus
2. La foule crucifierait Jésus
3. Dieu ressusciterait Jésus des morts
4. **Pierre nierait Jésus**

2 Pourquoi Jésus alla-t-il en Gethsémani ? (26.36)

1. Pour jeûner
2. **Pour prier**
3. Pour seul être
4. Pour célébrer la pâque

3 Qu'a dit Jésus à Pierre, à Jacques, et à Jean quand il a prié dans le jardin de Gethsémani ? (26.37-38)

1. « Laissez-moi en paix jusqu'à ce que je vienne vers vous »
2. « Restez ici et reposez-vous un moment »
3. **« Restez ici et veillez avec moi »**
4. « Allez à l'entrée et veillez »

4 Quelle était la première prière de Jésus dans Gethsémani ? (26.39)

1. **« Mon Père, s'il est possible, que cette coupe s'éloigne de moi. Toutefois, non pas ma volonté, mais ta volonté »**
2. « Je suis prêt à mourir »
3. « Père, veuillez envoyer des anges pour m'aider »
4. « S'il vous plaît, aidez mes disciples »

5 Quand Jésus est revenu auprès de ses disciples, qu'a-t-il trouvé ? (26.40)

1. Une bande des voleurs étaient là.
2. **Ses disciples étaient endormis.**
3. Un repas, préparé par ses disciples, était prêt.
4. Un serpent venimeux était là.

6 Combien de temps Jésus a-t-il prié avant qu'il ait trouvé ses disciples endormis pour la première fois ? (26.40)

1. **Une heure**
2. Vingt minutes
3. Deux heures
4. Dix minutes

7 Quand les soldats vinrent pour arrêter Jésus, qu'a dit Jésus ? (26.45)

1. « Le Fils de l'homme est trahi dans les doigts des menteurs »
2. « Le Fils de l'homme est trahi dans les bras des lions »
3. « Le Fils de l'homme est trahi dans la bouche des serpents »
4. **« Le Fils de l'homme est trahi dans les mains des pécheurs »**

8 Qu'a fait Judas à Jésus dans Gethsémani ? (26.47-49)

1. Il a prié avec Jésus
2. **Il a trahi Jésus**
3. Il a embrassé Jésus
4. Il a giflé Jésus

9 Qu'ont fait les hommes qui étaient venus avec Judas quand Judas a embrassé Jésus ? (26.50)

1. Ils ont essayé de tuer les disciples
2. Ils sont tombés à terre par crainte
3. **Ils ont saisi Jésus, et ils l'ont arrêté**
4. Ils ont fui

10 Terminez ce verset : « Puis, ayant fait quelques pas en avant dans le jardin, il se jeta sur sa face, et pria ainsi : « Mon Père, s'il est possible,… » (Matthieu 26.39)

1. « … laissez-moi vivre de sorte que je puisse voir votre gloire sur la terre. »
2. « … puisse le soleil se lever jusqu'à ce que je glorifie votre nom. »
3. **« … écarte de moi cette coupe ! Toutefois, non pas comme moi je le veux, mais comme toi tu le veux. »**
4. « … pardonnez les péchés de ces personnes. »

Étude 17

Matthieu 26.57 – 27.5

LE VERSET À RETENIR

Alors Jésus dit à ses disciples, Si quelqu'un veut venir après mois, qu'il renonce à lui-même, qu'il se charge de sa croix et qu'il me suive.
(Matthieu 16.24)

LA VÉRITÉ BIBLIQUE

Jésus demeura fidèle à son Père bien que certaines personnes étaient contre lui.

LE CŒUR DE L'ÉTUDE

Dans cette leçon, les enfants apprendront que, même quand les autres ont trahi, nié ou menti à propos de Jésus, il était fidèle à l'accomplissement de la volonté de Dieu pour notre salut.

LE CONSEIL PÉDAGOGIQUE

Réviser les termes clés contenus dans d'autres études. Quelques-uns de ces termes dont vous allez avoir besoin sont : Caïphe, souverain sacrificateur, et Fils de l'homme.

LE COMMENTAIRE BIBLIQUE

Dans cette leçon, nous voyons un contraste important. Jésus était fidèle à Dieu en toutes choses. Quelques personnes qui devraient agir loyalement n'étaient pas fidèles. Les pires transgresseurs étaient les souverains sacrificateurs et le Sanhédrin. Les souverains sacrificateurs représentaient le peuple auprès de Dieu, et ils représentaient Dieu auprès du peuple.

Le Sanhédrin comprenait : les prêtres, les pharisiens, les sadducéens, et les aînés de certaines familles. Les romains donnèrent au Sanhédrin l'autorité pour régner sur les questions civiles juives. Les membres du Sanhédrin étaient les gardiens de la piété et de la justice. Au lieu de cela, le Sanhédrin a tout fait pour condamner Jésus. Sous la prétention de l'honneur à Dieu, ils se sont révélés ennemis de Jésus.

Une personne s'attendrait à ce que Judas, en tant qu'un des disciples, affiche une nature digne de confiance. Au lieu de cela, il participa à la méchanceté des souverains sacrificateurs. Judas a par la suite senti des remords, mais il ne s'est pas repenti et ne s'est pas tourné vers Dieu pour obtenir le pardon. Au lieu de cela, il s'est tué de désespoir.

Nous nous attendons à ce que Pierre et Judas montrent une nature fidèle. Cependant, Pierre a menti dès qu'il s'est senti menacé. À la différence de Judas, Pierre s'est repenti pour son infidélité.

LES CARACTÉRISTIQUES DE DIEU

- Jésus a suivi la volonté de Dieu même lorsque d'autres ne l'ont pas fait.
- Jésus est resté fidèle à Dieu.

LES PAROLES DE NOTRE FOI

Être fidèle signifie montrer la dépendance et la crédibilité. Dieu est toujours **fidèle**. Nous pouvons avoir confiance qu'il gardera ses promesses. Dieu s'attend à ce que son peuple lui montre la **fidélité** ainsi qu'aux autres.

Le Sanhédrin était la cour suprême et les rédacteurs de la législation pour les juifs. Le Sanhédrin contenait 71 membres – les souverains sacrificateurs, les anciens, et les enseignants de la loi. Le grand prêtre était le chef de ce groupe.

Le Tout-Puissant est un autre nom pour Dieu.

Les souverains sacrificateurs étaient les prêtres qui servaient au rang le plus élevé dans le temple. Ils faisaient partie du Sanhédrin.

Le Temple de Dieu était le Temple à Jérusalem.

Le blasphème est n'importe quel mot ou action qu'une personne emploie pour maudire Dieu, pour montrer un manque de respect envers Dieu, ou pour déclarer d'être Dieu.

L'ACTIVITÉ

Vous aurez besoin de ces articles pour cette activité :

- Divers articles de métier pour faire une croix (perles, cuir, clous, argile, bois)

Fournissez à chaque enfant les approvisionnements que vous avez afin de les aider à faire une petite croix. Montrez l'exemple d'une croix aux enfants. Démontrez-leur les différentes étapes pour faire une croix. Si possible, encouragez les enfants à écrire Le verset à retenir sur la croix après qu'ils aient fini de faire la croix.

LA LEÇON BIBLIQUE

Préparez l'histoire suivante, adaptée de Matthieu 26.57 – 27.5 avant de la raconter aux enfants.

Ceux qui avaient arrêté Jésus le conduisirent chez le souverain sacrificateur Caïphe, où les scribes et les anciens étaient rassemblés.

Pierre le suivit à distance jusqu'à la cour du souverain sacrificateur, y entra, et s'assit avec les serviteurs, pour voir comment cela finirait.

Les principaux sacrificateurs et tout le sanhédrin cherchaient un faux témoignage contre Jésus, suffisant pour le condamner à mort.

Mais ils n'en trouvèrent point, quoique plusieurs faux témoins se fussent présentés. Enfin, il en vint deux, qui dirent :

Celui-ci a dit : « Je peux démolir le temple de Dieu, et le rebâtir en trois jours. »

Le souverain sacrificateur se leva, et lui dit : Ne réponds-tu rien ? Qu'est-ce que ces hommes déposent contre toi ?

Jésus garda le silence. Et le souverain sacrificateur, prenant la parole, lui dit : Je t'adjure, par le Dieu vivant, de nous déclarer si tu es le Messie, le Fils de Dieu.

Jésus lui répondit : Tu l'as dit toi-même. De plus, je vous le déclare, vous verrez désormais le Fils de l'homme siéger à la droite du Tout-Puissant, et venir en gloire sur les nuées du ciel.

Alors le souverain sacrificateur déchira ses vêtements, disant : Il a blasphémé ! Qu'avons-nous encore besoin de témoins ? Voici, vous venez d'entendre son blasphème. Que vous en semble ?

Ils répondirent : Il mérite la mort.

Là-dessus, ils lui crachèrent au visage, et lui donnèrent des coups de poing et des soufflets en disant :

Christ, prophétise ; dis-nous qui t'a frappé.

Cependant, Pierre était assis dehors dans la cour. Une servante s'approcha de lui, et dit : Toi aussi, tu étais avec Jésus le Galiléen.

Mais il le nia devant tous, disant : Je ne sais ce que tu veux dire.

Comme il se dirigeait vers la porte, une autre servante le vit, et dit à ceux qui se trouvaient là ; Celui-ci était aussi avec Jésus de Nazareth.

Il le nia de nouveau, avec serment : Je ne connais pas cet homme.

Peu après, ceux qui étaient là, s'étant approchés, dirent à Pierre : Certainement tu es aussi de ces gens-là, car ton langage te fait reconnaître.

Alors il se mit à faire des imprécations et à jurer : Je ne connais pas cet homme. Aussitôt le coq chanta.

Et Pierre se souvint de la parole que Jésus avait dite : Avant que le coq chante, tu me renieras trois fois. Et étant sorti, il pleura amèrement.

Dès que le matin fut venu, tous les principaux sacrificateurs et les anciens du peuple tinrent conseil contre Jésus, pour le faire mourir.

Après l'avoir lié, ils l'emmenèrent, et le livrèrent à Ponce Pilate, le gouverneur.

Alors Judas, qui l'avait livré, voyant qu'il était condamné, se repentit, et rapporta les trente pièces d'argent aux principaux sacrificateurs et aux anciens, en disant : J'ai péché, en livrant le sang innocent. Ils répondirent : Que nous importe ? Cela te regarde.

Judas jeta les pièces d'argent dans le temple, partit, et alla se pendre.

Encouragez les enfants à répondre aux questions suivantes. Il n'y a pas de bonnes ou de mauvaises réponses. Ces questions aideront les enfants à comprendre l'histoire et à l'appliquer à leurs vies.

1. **Pourquoi le Sanhédrin voulait-il un faux témoignage contre Jésus ? Quel genre de faux témoignage pensez-vous qu'ils voulaient ?**
2. **Caïphe, croyait-il que Jésus était le Fils de Dieu ? Expliquez votre réponse.**
3. **Pourquoi le Sanhédrin décida-t-il de mettre Jésus à mort ?**
4. **Quelle était, d'après vous, la pensée de Pierre lorsqu'il a renié Jésus ? D'après vous, à quoi pensait-il après avoir renié Jésus ?**
5. **Quels sentiments pensez-vous qui traversaient Judas avant, pendant, et après qu'il ait trahi Jésus ?**

Dites, **Les bons amis ont de la valeur. Chacun a besoin de quelques bons amis. Un vrai et bon ami se tiendra prêt de vous quand tous les autres vous abandonnent. Avez-vous un ami sûr pour vous aider ?**

Jésus a eu quelques bons amis, ses disciples. Jésus a passé beaucoup de temps avec Pierre, Jacques et Jean. Cependant, quand Jésus s'est trouvé face à l'adversité, ses amis l'ont abandonné. L'un deux a même nié trois fois avoir connu Jésus.

Nos amis peuvent nous décevoir. Cependant, Jésus est notre ami pour toujours. Vous pouvez faire confiance à Jésus. Jésus

est resté fidèle à Dieu, et il vous restera fidèle.

LE VERSET À RETENIR

Pratiquez le verset à retenir. Vous trouverez des suggestions pour les activités du verset à retenir aux pages 137 et 138.

LES ACTIVITÉS SUPPLÉMENTAIRES

Choisissez parmi une de ces options pour améliorer l'étude biblique des enfants.

1. Recherchez le système juridique de votre gouvernement. Qu'est-ce qui se produit au cours d'une audition ? Comment le juge considère-t-il les témoignages ? Comment votre système diffère-t-il de l'audition de Jésus avec le Sanhédrin ?

2. Comparez et contrastez les vies de Pierre et de Judas. Lisez les histoires dans Matthieu qui se relient à chacun d'eux. Quels traits de caractère chaque personne a-t-elle démontrés durant toute sa vie ? Qu'est-ce qui est semblable au sujet de leurs actions dans l'histoire pour aujourd'hui ? Comment chaque personne a-t-elle vécu sa culpabilité ? Faites une affiche qui montre vos résultats. Lisez à l'avance dans les Actes pour en savoir plus au sujet de Pierre.

QUESTIONS À CHOIX MULTIPLES POUR LE NIVEAU DE BASE

Pour préparer les enfants à ce concours, Lisez Matthieu 26.57 – 27.5.

1 Où le peuple a-t-il emmené Jésus après son arrestation ? (26.57)

1. À Hérode
2. À Pierre
3. **À Caïphe**

2 Qui suivait à distance après l'arrestation de Jésus ? (26.57-58)

1. Jean
2. **Pierre**
3. Paul

3 Pour quoi les grands prêtres et le Sanhédrin ont-ils suivi l'audition de Jésus ? (26.59)

1. Pour servir de vrais témoins pour accuser Jésus
2. Pour porter de vrais témoignages contre Jésus
3. **Pour porter de faux témoignages contre Jésus**

4 Le souverain sacrificateur demanda à Jésus de dire au peuple s'il était le Messie. Qu'est-ce que Jésus a dit ? (26.63-64)

1. **« Oui, vous l'avez dit. »**
2. « Je ne suis pas le Christ. »
3. « Demandez au peuple. »

5 Qu'a fait le peuple après que le souverain sacrificateur eut dit que Jésus a blasphémé ? (26.65, 67)

1. Ils ont serré la main de Jésus.
2. **Ils ont craché sur Jésus et l'ont frappé.**
3. Ils ont gardé Jésus pour le protéger.

6 Quel indice a indiqué au peuple que Pierre était un disciple de Jésus ? (26.73)

1. Ses cheveux
2. **Son accent**
3. Son habillement

7 Que s'est-il produit après que Pierre ait renié Jésus à trois reprises ? (26.69-74)

1. **Un coq a chanté.**
2. Jacques et Jean ont rappelé à Pierre les paroles de Jésus.
3. Pierre fut arrêté par un soldat.

8 Qu'est-ce que les grands prêtres et les anciens ont ils décidé de faire à Jésus après son audition ? (27.1)

1. De libérer Jésus
2. **De mettre Jésus à mort**
3. De mettre Jésus en prison

9 Qui a dit : « j'ai péché … parce que j'ai trahi le sang innocent » ? (27.4)

1. Caïphe
2. Pierre
3. **Judas**

10 Qu'a fait Judas de l'argent qu'il a reçu pour sa trahison de Jésus ? (27.5)

1. Il l'a jeté dans un puits.
2. Il l'a donné aux pauvres.
3. **Il l'a jeté dans le Temple**

QUESTIONS À CHOIX MULTIPLES POUR LE NIVEAU AVANCÉ

Pour préparer les enfants à ce concours, lisez Matthieu 26.57 – 27.5.

1 Pourquoi les grands prêtres et le Sanhédrin ont-ils suivi l'audition de Jésus ? (26.59)

1. Pour connaître la vérité au sujet de Jésus
2. Pour connaître la preuve que Jésus était le vrai Messie
3. **Pour porter de faux témoignages en sorte qu'ils puissent mettre Jésus à mort**
4. Toutes les réponses ci-dessus sont correctes.

2 Après le faux témoignage pendant l'audition de Jésus, comment Jésus a-t-il réagi ? (26.60-63)

1. Il s'est défendu.
2. Il semblait confus.
3. **Il est resté silencieux.**
4. Il a essayé de s'échapper.

3 Qu'a dit Jésus quand Caïphe lui a demandé s'il était le Messie, le Fils de Dieu ? (26.63-64)

1. **« Oui, vous l'avez dit. »**
2. « Je ne le suis pas. »
3. « Demandez au peuple. »
4. Toutes les réponses ci-dessus sont correctes.

4 Qu'est-ce que Jésus a dit que le Sanhédrin verrait à l'avenir ? (26.64)

1. **« Le Fils de l'homme s'asseyant à la droite du Tout-puissant et venant sur les nuées du ciel »**
2. « La gloire de Dieu »
3. « Le Messie venant en avant de la tombe »
4. « Un nouveau ciel et une nouvelle terre »

5 Qu'a fait le grand prêtre quand il a dit que Jésus a blasphémé ? (26.65)

1. Il tomba sur ses genoux et pria pour que Dieu pardonne Jésus.
2. Il frappa Jésus.
3. **Il déchira ses vêtements.**
4. Il quitta la salle.

6 Qu'a dit la fille du domestique à Pierre quand il s'est assis dans la cour ? (26.69)

1. **Il était avec Jésus de Galilée.**
2. Il était l'homme qui a trahi Jésus.
3. Il connaîtra aussi une arrestation.
4. Toutes les réponses ci-dessus sont correctes.

7 Comment Pierre a-t-il répondu à la deuxième personne qui lui a dit qu'il était un disciple de Jésus ? (26.71-72)

1. **« Je ne connais pas cet homme ! »**
2. « J'étais son ami, mais je ne suis pas son ami maintenant. »
3. « Je suis fier de dire que Jésus est mon ami. »
4. Toutes les réponses ci-dessus sont correctes.

8 Qu'a fait Pierre quand il s'est rappelé que Jésus disait que Pierre le renierait trois fois ? (26.75)

1. **Il alla dehors, et il pleura amèrement.**
2. Il courut, et demanda à Jésus de lui pardonner.
3. Il s'enfuit et se cacha dans le Temple.
4. Toutes les réponses ci-dessus sont correctes.

9 Qu'a fait Judas quand les souverains sacrificateurs et les anciens n'ont pas repris l'argent ? (27.5)

1. **Il s'est pendu.**
2. Il essaya d'aider Jésus à s'échapper.
3. Il s'enfuit, et alla se cacher à Nazareth.
4. Il demanda pardon à Jésus.

10 Terminez ce verset : « Alors Jésus a dit à ses disciples, « Si quelqu'un veut venir après moi, qu'il renonce à lui-même… » (Matthieu 16.24)

1. «… qu'il prenne son personnel et qu'il me suive. »
2. **«… qu'il se charge de sa croix et qu'il me suive. »**
3. «… qu'il prenne ses vêtements et qu'il me suive. »
4. «… qu'il prenne son lit et qu'il me suive. »

Étude 18

Matthieu 27

LE VERSET À RETENIR
Que ferai-je donc de Jésus, qu'on appelle Christ ?
(Matthieu 27.22a)

LA VÉRITÉ BIBLIQUE
Jésus donne aux gens un choix au sujet de la manière dont ils lui répondront.

LE CŒUR DE L'ÉTUDE
Cette leçon aidera les enfants à apprendre qu'ils choisiront comment ils répondront à Jésus.

LE CONSEIL PÉDAGOGIQUE
Pendant que vous dirigez l'étude biblique, mettez l'accent sur les manières dont différentes personnes ont répondu à Jésus. Concentrez-vous particulièrement sur Pilate et le rôle que Pilate a joué dans la mort de Jésus.

LE COMMENTAIRE BIBLIQUE

Cette leçon nous donne l'occasion de voir comment différentes personnes ont choisi de répondre à Jésus. Pilate, le gouverneur romain, a eu l'occasion de choisir s'il soutiendrait Jésus. Puisque les juifs ont dû suivre la loi romaine, ils n'ont pas eu l'autorité pour donner la sentence de mort. Ils ont eu besoin de la permission de Pilate pour que cela se produise.

Pilate pensait que Jésus était innocent selon les normes de la loi romaine. Pilate voyait combien les chefs juifs étaient envieux de la popularité et du leadership de Jésus. Pilate devait choisir s'il condamnerait Jésus à mort, ou s'il négocierait une révolte juive contre lui. Pilate choisit d'éviter la responsabilité, et il permit que Jésus soit tué.

En plus, la foule avait un choix au sujet de la façon dont ils répondraient à Jésus. Pilate leur donna le choix entre deux prisonniers, Jésus ou Barabbas. La foule pensait que Jésus serait un chef politique fort. Puisque Jésus n'a pas satisfait à cette espérance, la foule demanda la libération de Barabbas. Ils désirèrent que les romains crucifient Jésus.

LES CARACTÉRISTIQUES DE DIEU

- Jésus ne s'est pas défendu quand les autres l'ont accusé.
- Jésus veut que nous choisissions de le suivre.

LES PAROLES DE NOTRE FOI

Les choix sont des décisions au sujet de ce qu'on doit faire. Nous faisons de bons **choix** quand nous obéissons à Dieu. Nous faisons de mauvais **choix** quand nous désobéissons à Dieu.

Barabbas était un homme qui était en prison pour meurtre et émeute.

- **Pilate** était le gouverneur romain qui régnait sur la Judée et la Samarie. Sa responsabilité était de maintenir la paix parmi les juifs.
- **Fouetter** signifie battre une personne avec un fouet ou une corde.
- **Crucifier** signifie attacher une personne sur une croix en guise de punition
- **Le prétoire** était les sièges sociaux du gouverneur romain.

L'ACTIVITÉ

Vous aurez besoin de ces articles suivants pour cette activité :

- De la craie, des marqueurs secs, ou un stylo
- Un tableau, une feuille de bristol ou un grand morceau de papier

Avant que la classe commence, écrivez les phrases suivantes et exposez-les où les enfants peuvent les lire.

Qui est Jésus ?
Il est le Fils de Dieu.

Qu'est-ce que Jésus a fait pour vous ?
Il est mort pour nos péchés.

Que devez-vous « donc faire avec Jésus qui s'appelle le Christ ? »
Je le recevrai en tant que mon Sauveur.

Comment aiderez-vous les autres à connaître Jésus ?
Je leur parlerai de Jésus et de ce qui il a fait pour sauver le monde de leurs péchés.

Si les autres refusent de suivre Jésus, que ferez-vous ?
Je continuerai à suivre Jésus.

Dites, **j'ai écrit quelques phrases que je veux que nous lisions ensemble. Je lirai les questions, ensuite, vous lirez les réponses.**

Dites, **Jésus nous donne le choix de le suivre ou non. Il veut que nous le suivions, mais il ne nous force pas à le suivre. Si c'est approprié, demandez s'il y a des enfants qui désirent que Jésus devienne leur Sauveur et meilleur ami. Terminez par la prière et demandez à Dieu d'aider chaque étudiant à choisir de suivre Jésus.**

LA LEÇON BIBLIQUE

Préparez l'histoire suivante, adaptée de Matthieu 27.11-31, avant de la raconter aux enfants.

Jésus comparut devant le gouverneur. Le gouverneur l'interrogea, en ces termes : « Es-tu le Roi des Juifs ? » Jésus lui répondit : « Tu le dis ».

Mais il ne répondit rien aux accusations des principaux sacrificateurs et des anciens.

Alors Pilate lui dit : N'entends-tu pas de combien de choses ils t'accusent ?

Et Jésus ne lui donna de réponse sur aucune parole, ce qui étonna beaucoup le gouverneur.

À chaque fête, le gouverneur avait coutume de relâcher un prisonnier, celui que demandait la foule.

Ils avaient alors un prisonnier célèbre, nommé Barabbas.

Comme ils étaient rassemblés, Pilate leur dit : « Lequel voulez-vous que je vous relâche, Barabbas, ou Jésus, qu'on appelle Christ ? »

Car il savait que c'était par jalousie qu'ils avaient livré Jésus.

Pendant qu'il siégeait sur le tribunal, sa femme lui fit dire : « ne te mêle pas de ce

juste ; car cette nuit j'ai beaucoup souffert en songe à cause de lui ».

Les principaux sacrificateurs et les anciens persuadèrent la foule de demander Barabbas et de faire périr Jésus.

Le gouverneur prenant la parole de nouveau, leur dit : « Lequel des deux voulez-vous que je vous relâche ? » Ils répondirent : Barabbas.

Pilate leur dit : « Que ferai-je donc de Jésus, qu'on appelle Christ ? » Tous répondirent : « Qu'il soit crucifié ! »

Le gouverneur dit : « Mais quel mal a-t-il fait ? » Et ils crièrent encore plus fort : « Qu'il soit crucifié ! »

Pilate, voyant qu'il n'aboutissait à rien, mais que l'agitation augmentait, prit de l'eau, se lava les mains en présence de la foule, et dit : « Je suis innocent du sang de ce juste. Cela vous regarde ».

Et tout le peuple répondit : « Que son sang retombe sur nous et sur nos enfants ! »

Alors Pilate leur relâcha Barabbas ; et, après avoir fait battre à coups de fouets Jésus, il le livra pour être crucifié.

Les soldats du gouverneur conduisirent Jésus dans le prétoire, et ils assemblèrent toute la cohorte autour de lui.

Ils lui arrachèrent ses vêtements, et le couvrirent d'un manteau écarlate.

Ils tressèrent une couronne d'épines, qu'ils posèrent sur sa tête, et ils lui mirent un roseau dans la main droite ; puis, s'agenouillant devant lui, ils le raillaient, en disant : « Salut, roi des juifs ! »

Et ils crachaient contre lui, prenaient le roseau, et frappaient sur sa tête.

Après s'être ainsi moqués de lui, ils lui ôtèrent le manteau, lui remirent ses vêtements, et l'emmenèrent pour le crucifier.

Encouragez les enfants à répondre aux questions suivantes. Il n'y pas de bonnes ou de mauvaises réponses. Ces questions aident les enfants à comprendre l'histoire et à l'appliquer à leurs vies.

1. Pourquoi pensez-vous que Jésus n'a pas répondu aux accusations portées contre lui ? Pourquoi pensez-vous que Pilate n'a pas répondu aux inquiétudes de son épouse ? Avez-vous déjà donné des conseils à un ami que cet ami n'a pas suivi ?

2. Pilate s'est lavé les mains, et il a dit qu'il était innocent de la mort de Jésus. Pensez-vous que Pilate était vraiment innocent ? Qui pensez-vous a eu la plus grande part de la responsabilité dans la mort de Jésus ?

Dites, **Nous faisons des choix chaque jour de notre vie. Certains de nos choix ont peu d'impact sur notre vie. D'autres choix peuvent changer notre vie de manière considérable. La foule et Pilate avaient un choix à faire. Ils choisirent de crucifier Jésus. Leur choix a changé le cours de notre histoire.**

Aujourd'hui, les gens font face à la même question, « Comment répondrez-vous à Jésus ? » Votre réponse à cette question changera le cours de votre vie. Comment avez-vous répondu à cette question ? Quel choix avez-vous fait ?

LE VERSET A RETENIR

Pratiquez le verset à retenir de l'étude. Vous trouverez des suggestions pour les activités du verset à retenir aux pages 137 et 138.

LES ACTIVITÉS SUPPLÉMENTAIRES

Choisissez parmi ces options pour améliorer l'étude biblique des enfants.

1. Demandez aux enfants d'imaginer qu'ils sont un personnage dans l'étude d'aujourd'hui. Comment répondraient-ils pendant l'audition de Jésus ? Qu'est-ce qui serait différent au sujet de leurs réponses ?

2. En tant que classe, discutez qui porte le plus grand blâme dans la mort de Jésus. Organisez une audition, et passez en revue l'évidence pour et contre de chaque personnage dans l'histoire.

QUESTIONS À CHOIX MULTIPLES POUR LE NIVEAU DE BASE

Pour préparer les enfants à ce concours, lisez Matthieu 27.11-31.

1. Qu'est-ce que Jésus a répondu quand Pilate lui demanda : « Es-tu le roi des juifs ? » (27.11)
1. « Non. »
2. **« Oui, tu l'as dit. »**
3. « Pourquoi voulez-vous savoir ? »

2. Comment Pilate s'est-il senti quand Jésus n'a pas répondu à aucune des accusations ? (27.14)
1. Il était satisfait.
2. Il était triste.
3. **Il était stupéfait.**

3. Quelle coutume avait le gouverneur à chaque fête ? (27.15)
1. **Il libéra un prisonnier.**
2. Il mit quelqu'un en prison.
3. Il crucifia quelqu'un.

4. Quel choix Pilate donna-t-il aux gens au sujet de Barabbas et de Jésus ? (27.17)
1. Maintenir tous les deux en prison
2. **Libérer Jésus ou Barabbas**
3. Crucifier les deux

5. Qui disait à Pilate de ne pas se mêler des affaires de Jésus ? (27.19)
1. **L'épouse de Pilate**
2. Un ange du Seigneur
3. Marie, la mère de Jésus

6. Qui persuada la foule de réclamer la libération de Barabbas ? (27.20)
1. Judas
2. **Les principaux sacrificateurs et les anciens**
3. Les disciples de Jésus

7. Qu'est-ce que la foule a demandé à Pilate de faire de Jésus ? (27.22)
1. « Libérez-le ! »
2. « Lapidez-le ! »
3. **« Crucifiez-le ! »**

8. Qui a dit : « que son sang retombe sur nous et sur nos enfants ! » ? (27.25)
1. Les grands prêtres et les anciens
2. Pilate et Hérode
3. **La foule qui a condamné Jésus**

9. Quelle était la couleur du manteau dont les soldats ont vêtu Jésus ? (27.28)
1. Marine
2. **Écarlate**
3. Blanche

10 Qu'ont fait les soldats avant qu'ils aient pris Jésus pour la crucifixion ? (27.30-31)

1. **Ils ont craché sur lui, et ils l'ont frappé sur la tête.**
2. Ils ont marché sur lui.
3. Ils l'ont traîné dans tout Jérusalem.

QUESTIONS À CHOIX MULTIPLES POUR LE NIVEAU AVANCÉ

Pour préparer les enfants à ce concours, lisez Matthieu 27.11-31.

1 Comment Jésus a-t-il répondu à la question de Pilate, « Es-tu le roi des juifs » ? (27.11)

1. Jésus n'a dit rien.
2. **Jésus dit, « oui, tu l'as dit. »**
3. Jésus dit, « le fils de l'homme est venu répandre son sang pour la rémission de plusieurs. »
4. Jésus fit référence à Isaïe 53.

2 Pourquoi Pilate a-t-il permis à la foule de choisir un prisonnier pour être libéré ? (27.15)

1. C'était la coutume du gouverneur à chaque fête.
2. Il avait peur du grand prêtre.
3. Il n'a pas eu l'autorité pour libérer Jésus.
4. Toutes les réponses ci-dessus sont correctes.

3 Qui était Barabbas ? (27.16)

1. Un politicien notoire
2. Le frère de Jésus
3. Un disciple
4. **Un prisonnier célèbre**

4 Qu'ont fait les gens de l'audition par envie ? (27.18)

1. **Ils ont remis Jésus à Pilate.**
2. Ils ont mis la couronne d'épines sur la tête de Jésus.
3. Ils ont remis Jésus à Hérode.
4. Ils ont fouetté Jésus.

5 Qu'est-ce que l'épouse de Pilate lui a dit pendant l'audition de Jésus ? (27.19)

1. « Je voudrais que vous crucifiiez Jésus. »
2. **« J'ai beaucoup souffert en songe à cause de lui. »**
3. « Faites-moi savoir ce que vous décidez de faire. »
4. « Vous devriez libérer Barabbas. »

6 Pourquoi la foule a-t-elle commencé un tumulte ? (27.24)

1. Jésus commençait à se fâcher.
2. **Pilate essayait de défendre Jésus.**
3. Barabbas commençait à devenir violent.
4. Pilate commençait à envoyer les gens au temple.

7 Qu'a dit la foule au sujet de la responsabilité de la mort de Jésus ? (27.25)

1. **« Que son sang retombe sur nous et sur nos enfants ! »**
2. « Il est de votre responsabilité. »
3. « Son sang retombera sur le pharisiens et les Sadducéens. »
4. « C'est Judas qui a vendu Jésus pour 30 pièces d'argent. Laissez le sang de Jésus rester sur Judas. »

8 Après qu'il se soit lavé les mains, qu'a fait Pilate ? (27.26)

1. Il a libéré Barabbas.
2. Il a flagellé Jésus.
3. Il a livré Jésus pour la crucifixion.
4. **Toutes les questions ci-dessus sont correctes.**

9 Quels sont les trois articles que les soldats ont faits Jésus utilisé avant sa crucifixion ? (27.28-29)

1. Un manteau, une couronne des épines, et une paire de sandales
2. Un manteau, un roseau, et du vin
3. **Un manteau, une couronne d'épines, et un roseau**
4. Une couronne d'épines, du vin, et un roseau.

10 Terminez ce verset : « Que ferai-je donc de … » (27.22a)

1. « … Judas le traître ? »
2. **« … Jésus qu'on appelle le Christ ? »**
3. « … Jésus qu'on appelle le Fils de l'homme ? »
4. « … Barrabas, le criminel ? »

Étude 19

Matthieu 27.32-56

LE VERSET À RETENIR

Car Dieu a tellement aimé le monde qu'il a donné son Fils unique afin que quiconque croit en lui ne périsse point, mais qu'il ait la vie éternelle.
(Jean 3.16)

LA VÉRITÉ BIBLIQUE

Jésus a volontairement souffert et est mort en sorte que tous, même ses ennemis, peuvent recevoir le salut pour les péchés.

LE CŒUR DE L'ÉTUDE

Dans cette leçon, les enfants apprendront que Jésus est mort sur la croix pour le pardon de nos péchés.

LE CONSEIL PÉDAGOGIQUE

Le passage trouvé dans Matthieu au sujet de la crucifixion de Jésus est moins graphique que la version des autres auteurs des évangiles. Cependant, cette leçon pourrait traumatiser quelques enfants. S'il y a des enfants qui demandent des détails sur la crucifixion de Jésus, soyez sensible aux enfants qui peuvent ne pas bien encaisser les détails horribles de sa mort.

LE COMMENTAIRE BIBLIQUE

Pendant que Jésus était sur la croix, il supporta le rejet des Juifs et des Gentils (non-juifs). Les juifs l'ont rejeté parce qu'il se disait être le Fils de Dieu. Les Gentils l'ont rejeté parce qu'il a prétendu être un roi.

Après la mort de Jésus, beaucoup d'événements surnaturels se sont produits. Le rideau du Temple s'est déchiré de haut en bas. Cet événement signifiait que les croyants pourraient maintenant communiquer directement avec Dieu. Un tremblement de terre se produisit, quelques tombes s'ouvrirent, et les saints revinrent à la vie.

Ces événements ont stupéfié un centurion romain et ses gardes. Ils ont identifié Jésus en tant que Fils de Dieu. Par conséquent, ce n'était pas un juif qui a identifié la divinité de Jésus. Plutôt, c'était un garde romain, un païen. Ces événements miraculeux ont confirmé la vraie identité de Jésus. Ils étaient l'accomplissement de sa mission d'expiation. Cette expiation est rendue disponible par la mort de Jésus sur la croix. La victoire de Jésus sur la croix était son triomphe sur le péché de l'humanité.

Sur la croix, Jésus a senti le poids du péché du monde sur ses épaules. En dépit de l'agonie que Jésus a endurée, Il a choisi de mourir de sorte que chacun puisse recevoir le pardon pour son péché.

LES CARACTÉRISTIQUES DE DIEU

- Dieu nous aime tellement qu'il a envoyé son Fils pour nous montrer comment nous pouvons avoir une vie abondante.

- Jésus a donné sa vie librement pour nous démontrer l'amour du Père.

LES PAROLES DE NOTRE FOI

Le salut est tout ce que Dieu fait pour effacer les péchés et pour créer une bonne relation entre lui-même et une personne. Dieu envoya son Fils Jésus, qui est mort sur la croix et est devenu notre Sauveur. Ceux qui demandent à Jésus d'être leur Sauveur reçoivent le **salut** comme un cadeau gratuit.

Marie de Magdala était une dame de la ville de Magdala, sur la mer de la Galilée.

Simon de Cyrène était l'homme qui a aidé Jésus à porter sa croix.

Cyrène était une ville en Afrique du Nord.

Golgotha était l'endroit où Jésus est mort sur la croix.

La ville sainte est un autre nom pour Jérusalem.

Le fiel est un extrait d'une plante. Jésus a refusé de boire un mélange de fiel et de vin quand il était sur la croix. Le mélange soulagerait la douleur.

Le rideau du Temple était un rideau bleu, pourpre, et écarlate qui séparait le saint des saints des salles externes du temple.

L'ACTIVITÉ

Vous aurez besoin de ces articles suivants pour cette activité :

- Feuilles de bristol, panneau d'affiche, ou papier pour chaque enfant
- Fournitures nécessaires pour écrire, dessiner, et peindre

Dites, **Aujourd'hui, nous allons apprendre le récit de la mort de Jésus sur la croix. Les soldats ont placé un écriteau au-dessus de la tête de Jésus. Les mots étaient : « Celui-ci est Jésus, Roi des Juifs ». Quels mots quelqu'un pourrait-il utiliser pour vous décrire ?**

Encouragez les enfants à fabriquer une enseigne avec seulement quelques mots pour se décrire. Si possible, laissez les étudiants encadrer l'enseigne et la ramener chez eux.

LA LEÇON BIBLIQUE

Préparez l'histoire suivante, adaptée de Matthieu 27.32-56 avant de la raconter aux enfants.

Pendant que les soldats se rendirent à Golgotha, ils rencontrèrent un homme de Cyrène, appelé Simon, et ils le forcèrent à porter la croix de Jésus.

Arrivés au lieu nommé Golgotha, ce qui signifie lieu du crâne, ils lui donnèrent à boire du vin mêlé de fiel ; mais, quand il l'eut goûté, il ne voulut pas boire.

Après l'avoir crucifié, ils se partagèrent ses vêtements, en tirant au sort, afin que s'accomplît ce qui avait été annoncé par le prophète : Ils se sont partagé mes vêtements, et ils ont tiré au sort ma tunique. Puis ils s'assirent, et le gardèrent.

Pour indiquer le sujet de sa condamnation, on écrivit au-dessus de sa tête : Celui-ci est Jésus, le roi des Juifs.

Avec lui furent crucifiés deux brigands, l'un à sa droite, et l'autre à sa gauche.

Les passants lançaient des insultes, et secouaient la tête, en disant : Toi qui détruis le temple, et qui le rebâtis en trois jours, sauve-toi toi-même ! Si tu es le Fils de Dieu, descends de la croix !

Les principaux sacrificateurs, avec les scribes et les anciens, se moquaient de Jésus. Ils disaient :

Il a sauvé les autres, et il est incapable de se sauver lui-même ! Laissez-le

maintenant descendre de la croix et nous croirons en lui. Il croit en Dieu ; que Dieu le délivre maintenant s'il le veut, car il a dit : Je suis le Fils de Dieu.

Les brigands, crucifiés avec lui, l'insultaient de la même manière.

Depuis la sixième heure jusqu'à la neuvième, il y eut de l'obscurité sur toute la terre.

Et vers la neuvième heure, Jésus s'écria d'une voix forte : *Éli, Éli, lama sabachthani ?*, c'est-à-dire : Mon Dieu, mon Dieu, pourquoi m'as-tu abandonné ?

Quelques-uns de ceux qui étaient là, l'ayant entendu, dirent : Il appelle Élie.

Et aussitôt l'un d'eux courut prendre une éponge, qu'il remplit de vinaigre, et, l'ayant fixée à un roseau, il lui donna à boire. Mais les autres disaient : Laissez-le ; voyons si Élie viendra le sauver.

Jésus poussa de nouveau un grand cri, et rendit l'esprit.

Et voici, le voile du temple se déchira en deux, de haut en bas, la terre trembla, les rochers se fendirent, les sépulcres s'ouvrirent, et plusieurs corps des saints qui étaient morts ressuscitèrent. Étant sortis des sépulcres, après la résurrection de Jésus, ils entrèrent dans la ville sainte, et apparurent à un grand nombre de personnes.

Le centenier et ceux qui étaient avec lui pour garder Jésus, ayant vu le tremblement de terre et ce qui venait d'arriver, furent saisis d'une grande frayeur, et dirent : « Assurément, cet homme était le Fils de Dieu ! ».

Il y avait là plusieurs femmes qui regardaient de loin ; qui avaient accompagné Jésus depuis la Galilée, pour le servir. Parmi elles étaient Marie de Magdala, Marie, mère de Jacques et de Joseph, et la mère des fils de Zébédée.

Encouragez les enfants à répondre aux questions suivantes. Il n'y a pas de bonnes ou de mauvaises réponses. Ces questions aideront les enfants à comprendre l'histoire et à l'appliquer à leurs vies.

1. Imaginez que vous étiez Simon de Cyrène. D'après vous, comment s'est-il senti quand il a aidé Jésus à porter sa lourde croix ? Où étaient les disciples de Jésus ? Pensez-vous qu'ils devraient porter eux-mêmes la croix pour Jésus ?

2. Imaginez que vous faisiez partie de la foule lors de la crucifixion de Jésus. Comment lui répondriez-vous ? Vous moqueriez-vous de Lui ?

3. Lisez Matthieu 27.46. Quelle sorte de douleur a causé Jésus à dire ces mots ?

4. Comment pensez-vous que le centurion et ses gardes se sentaient après la mort de Jésus ? Comment pensez-vous que les souverains sacrificateurs et les anciens se sentaient ? Pensez-vous qu'ils ont finalement cru que Jésus est le Fils de Dieu ?

5. Quels genres de choses pensez-vous que les femmes qui ont pris soin de Jésus ont fait pour lui ? D'après vous, quelle était la pensée de Jésus envers ces femmes ?

Dites, **Jésus** savait que Dieu allait le permettre de souffrir et de mourir afin que les gens puissent recevoir le salut. Jésus a volontairement donné sa vie pour le monde entier. Par la mort de Jésus, nous pouvons recevoir le pardon des péchés et la vie éternelle.

Avez-vous déjà demandé pardon pour vos péchés et avez-vous accepté Jésus en tant que votre sauveur ? Si vous avez fait cela, vous pouvez vous réjouir avec Jésus. Si vous ne l'avez pas encore fait, vous pouvez le faire maintenant. Jésus veut vous recevoir comme membre de la famille de Dieu.

LE VERSET A RETENIR

Pratiquez le verset à retenir de l'étude. Vous trouverez des suggestions pour les activités des versets à retenir aux pages 137 et 138.

LES ACTIVITÉS SUPPLÉMENTAIRES

Choisissez parmi ces options pour améliorer l'étude biblique des enfants.

1. Encouragez les enfants à penser à quelque chose qu'ils sont prêts à sacrifier pour quelqu'un d'autre. Un exemple est de sacrifier du temps pour aider un frère ou une sœur avec une corvée ou une tâche domestique. Ou bien, vous pourrez sacrifier du temps ou de l'argent pour aider une personne dans le besoin. Demandez, **Que possédez-vous que vous pouvez sacrifier ? Comment votre sacrifice pourrait-il aider quelqu'un d'autre ? Le sacrifice de Jésus était de loin plus grand que tout ce nous pouvons faire. Cependant, notre sacrifice peut nous aider à comprendre le sentiment de Jésus quand il a donné sa vie pour sauver le monde de leurs péchés.**

2. Il y avait différents types de personnes qui étaient témoins de la mort de Jésus. Lisez l'histoire à haute voix aux enfants. En tant que groupe, écrivez comment chacun des groupes suivants a agi : la foule, les souverains sacrificateurs, le centurion et ses soldats, et les femmes. Demandez, **À quel groupe aimeriez-vous appartenir ? Comment répondriez-vous à Jésus ?**

QUESTIONS À CHOIX MULTIPLES POUR LE NIVEAU DE BASE

Pour préparer les enfants à ce concours, lisez Matthieu 27.32-56.

1 Qui a porté la croix pour Jésus ? (27.32)
1. Judas de Samarie
2. Jésus de Nazareth
3. **Simon de Cyrène**

2 Où ont-ils amené Jésus pour le crucifier ? (27.33)
1. La Galilée
2. **Golgotha**
3. La Mer Morte

3 Qu'ont fait les soldats avec les vêtements de Jésus ? (27.35)
1. **Ils ont divisé ses vêtements en tirant au sort.**
2. Ils les ont vendus.
3. Ils les ont donnés aux pauvres.

4 Quand Jésus était sur la croix, que disait l'écriteau au-dessus de sa tête ? (27.37)
1. « Celui-ci est Jésus, le traître. »
2. **« Celui-ci est Jésus, le roi des juifs. »**
3. « Celui-ci est l'homme qu'ils appellent Jésus. »

5 Qui était sur les croix à côté de Jésus ? (27.38)
1. Barabbas et Judas
2. **Deux voleurs**
3. Pierre et Jean

6 Qu'est-ce que les deux voleurs à côté de Jésus ont fait ? (27.44)

1. **Ils ont lancé des insultes à Jésus.**
2. Ils ont prié Jésus de leur pardonner.
3. Les réponses ci-dessus sont correctes.

7 Qu'est-ce que le peuple a essayé de donner à Jésus quand ils ont pensé qu'il appelait Élie ? (27.47-48)

1. L'eau
2. **du vin avec du vinaigre**
3. Les réponses ci-dessus sont correctes.

8 À la mort de Jésus, qu'est-il arrivé au Temple ? (27.50-51)

1. Un incendie a détruit le temple.
2. **Le rideau du Temple a été déchiré de haut en bas.**
3. Le temple s'est effondré.

9 Qu'ont fait les saints qui étaient sortis des tombeaux ? (27.52-53)

1. **Ils sont apparus à beaucoup de gens dans la ville sainte.**
2. Ils ont guéri les malades.
3. Ils ont prêché l'évangile.

10 Quand le centurion et ceux qui ont gardé Jésus ont-ils déclaré que Jésus est le Fils de Dieu ? (27.54)

1. Quand Jésus ne s'est pas défendu.
2. **Quand ils ont vu tout ce qui s'est produit.**
3. Les réponses ci-dessus sont correctes.

QUESTIONS À CHOIX MULTIPLES POUR LE NIVEAU AVANCÉ

Pour préparer les enfants à ce concours, lisez Matthieu 27.32-56.

1 Qu'a fait Simon de Cyrène ? (27.32)

1. **Il a porté la croix pour Jésus.**
2. Il a flagellé Jésus.
3. Il a cloué les mains de Jésus à la croix.
4. Il a raillé Jésus.

2 Que signifie Golgotha ? (27.33)

1. Le lieu de la mort
2. **Le lieu du crâne**
3. Le champ du sang
4. Le champ du potier

3 Qu'a fait le peuple lorsqu'il a marché à côté de Jésus sur la croix ? (27.39-40)

1. **Ils ont insulté Jésus.**
2. Ils ont prié Jésus.
3. Ils ont demandé pardon à Jésus.
4. Toutes les réponses ci-dessus sont correctes.

4 Qu'est-ce que le peuple a demandé à Jésus de faire, s'il était le Fils de Dieu ? (27.40)

1. Pour séparer la Mer Rouge
2. **Pour descendre de la croix**
3. Pour tuer les soldats romains
4. Pour tuer le grand prêtre

5 Quel propos Jésus a-t-il avancé ? (27.46)

1. « Je suis désolé. »
2. « Viens, Eli, et sauve-moi. »
3. **« Mon Dieu, mon Dieu, pourquoi m'as-tu abandonné ? »**
4. « Le jour du jugement est arrivé sur vous. »

6 Pourquoi certaines personnes disent-elles « Laissez-le » quand Jésus a crié sur la croix ? (27.49)

1. Ils voulaient voir si Dieu enverrait des anges pour délivrer Jésus.
2. Ils voulaient que Jésus souffre.
3. Ils pensaient que Jésus était possédé par un esprit mauvais.
4. **Ils voulaient voir si Eli viendrait le sauver.**

7 Que s'est-il produit avant que Jésus ait abandonné son esprit et mourut ? (27.50)

1. **Jésus a crié d'une une voix forte.**
2. Jésus a mangé du pain, et a bu du jus.
3. Jésus a fait la Prière du Seigneur.
4. Jésus a causé un tremblement de terre.

8 Qui fut terrifié et dit, « Sûrement, cet homme était Fils de Dieu » ? (27.54)

1. Les souverains sacrificateurs
2. Le pharisien
3. **Le centurion et ceux qui ont gardé Jésus**
4. Les disciples

9 Qui était les trois femmes qui ont suivi Jésus depuis la Galilée pour s'occuper de ses besoins ? (27.55-56)

1. Marie, Marthe, Tabitha
2. **Marie de Magdala, Marie la mère de Jacques et Joseph, et la mère de Jacques et Jean**
3. Marthe, Marie, Dorcas
4. Trois femmes appelées Marie

10 Finissez ce vers : « Car Dieu a tant aimé le monde qu'Il a donné son Fils unique, afin que quiconque… » (Jean 3.16)

1. « …le connaît, connaît Dieu. »
2. **« …croit en lui ne périsse point, mais qu'il ait la vie éternelle. »**
3. « …partage son amour, recevra l'amour. »
4. « …lui demande la rémission la recevra. »

Étude 20

Matthieu 27.57-28.20

LE VERSET À RETENIR

Allez, faites de toutes les nations des disciples, les baptisant au nom du Père, du Fils et du Saint-Esprit, et enseignez-leur à observer tout ce que je vous ai prescrit. Et voici, je suis avec vous tous les jours, jusqu'à la fin du monde.
(Matthieu 28.19-20)

LA VÉRITÉ BIBLIQUE

Jésus est ressuscité des morts, et il a confié à ses disciples la Grande Commission.

LE CŒUR DE L'ÉTUDE

Dans cette leçon, les enfants apprendront que Jésus ordonna à ses disciples de faire des disciples de toutes les nations.

LE CONSEIL PÉDAGOGIQUE

Pendant que vous dirigez l'étude biblique, insistez sur le miracle de la résurrection. Puisque Jésus est vivant, nous avons l'espérance d'une vie transformée.

LE COMMENTAIRE BIBLIQUE

Joseph d'Arimathée était un membre du Sanhédrin, le Conseil qui a condamné Jésus. Selon Marc et Luc, Joseph était un disciple du Christ en secret.

Ce n'était pas inhabituel que quelqu'un enterre son maître. Quand Joseph a demandé à Pilate le corps de Jésus, ce n'était pas inhabituel. En vertu de la loi romaine, quand les criminels mouraient, ils n'avaient pas un enterrement approprié. Quand Joseph a dépensé son temps et son argent pour donner à Jésus un enterrement approprié, il a honoré Jésus.

Cette situation a fourni l'évidence de la résurrection de trois manières. D'abord, le fait que le corps de Jésus était dans un nouveau tombeau avec une pierre qui a couvert l'entrée signifiait que Jésus était mort. En second lieu, la pierre ne permettait à personne de sortir du tombeau. Finalement, personne ne pouvait substituer un autre corps à celui de Jésus.

Les grands prêtres et le Pharisiens se sont rappelé la prophétie de Jésus qu'il ressusciterait après trois jours. Ils ont pris des arrangements pour empêcher les disciples de faire une déclaration sur une éventuelle résurrection. Cependant, le tremblement de terre, l'ange, les gardes craintifs, et la pierre qui a été roulée étaient des évidences supplémentaires de la résurrection de Jésus.

Cette évidence a démontré que Jésus était qui Il a prétendu être et que sa mission était réussie. L'expiation de Jésus était complète dans la résurrection. Les croyants peuvent maintenant expérimenter la nouvelle vie grâce à la mort et la résurrection de Jésus.

LES CARACTÉRISTIQUES DE DIEU

- Jésus est ressuscité des morts, et il a prouvé sa puissance sur la mort.
- Jésus veut que nous fassions des disciples de toutes les nations.

LES PAROLES DE NOTRE FOI

Le grand commandement missionnaire est le commandement de Jésus d'aller, de prêcher, de baptiser, et de partager la bonne nouvelle de l'évangile avec tous les peuples du monde entier.

Joseph était un homme juif riche qui était un membre du Sanhédrin. Il a cru en Jésus secrètement. Il avait utilisé ses ressources pour donner à Jésus un enterrement approprié.

Arimathée était une ville d'environ 32 kilomètres au nord-ouest de Jérusalem.

Le jour de la préparation était le jour avant le sabbat et le jour avant les fêtes juives.

Le sabbat était le jour que Dieu a mis de côté pour le repos, le culte, et pour aider les autres.

Être disciple signifie enseigner quelqu'un sur la personne de Christ et lui enseigner comment le suivre.

L'ACTIVITÉ

Vous aurez besoin de ces articles suivants pour cette activité :

- Plusieurs pierres lisses, une pour chaque enfant
- Des marqueurs ou de la peinture

Avant la classe, nettoyez toutes les pierres. Assurez-vous qu'elles sont assez grandes pour que les enfants puissent dessiner ou peindre dessus.

Dites, **Quand Jésus fut ressuscité des morts, la pierre à l'entrée de la tombe a été roulée. Aujourd'hui, nous décorerons des pierres pour nous rappeler la résurrection de Jésus. En utilisant les marqueurs [ou la peinture], écrivez sur votre pierre : « Il est ressuscité ! » Puis, vous pouvez ajouter d'autres décorations sur la pierre avec les marqueurs [ou la peinture].**

Quand les enfants termineront la décoration de leurs pierres, faites-les montrer les pierres à la classe.

Dites, **Aujourd'hui, nous avons utilisé une façon pour nous rappeler la résurrection de Jésus. Maintenant, nous allons apprendre sur la résurrection et au sujet d'une tâche que Jésus a confiée à tous ses disciples.**

LA LEÇON BIBLIQUE

Préparez l'histoire suivante, adaptée de Matthieu 27.57 – 28.20, avant de la raconter aux enfants.

Après la mort de Jésus, Joseph d'Arimathée demanda à Pilate le corps de Jésus. Et Pilate ordonna de le lui remettre, et Joseph enveloppa le corps d'un linceul blanc. Il le déposa dans un sépulcre neuf, puis il roula une grande pierre à l'entrée du sépulcre.

Le lendemain, qui était le jour après la préparation, les principaux sacrificateurs et les pharisiens allèrent ensemble auprès de Pilate, et dirent : Seigneur, nous nous souvenons que cet imposteur a dit, quand il vivait encore : Après trois jours je ressusciterai. Ordonne donc que le sépulcre soit gardé jusqu'au troisième jour, afin que ses disciples ne viennent pas dérober le corps, et dire au peuple : Il est ressuscité des morts.

Pilate leur dit : Vous avez une garde ; allez, gardez-le comme vous l'entendrez. Ils s'en allèrent, et s'assurèrent du sépulcre au moyen de la garde, après avoir scellé la pierre.

Après le sabbat, à l'aube du premier jour de la semaine, Marie de Magdala et l'autre Marie allèrent voir le sépulcre. Et voici, il y eut un grand tremblement de terre ; car un ange du Seigneur descendit du ciel, vint rouler la pierre, et s'assit dessus. Les gardes tremblèrent de peur, et devinrent comme morts.

Mais l'ange prit la parole, et dit aux femmes : Pour vous, ne craignez pas ; car je sais que vous cherchez Jésus qui a été crucifié. Il n'est point ici ; il est ressuscité, comme il l'avait dit. Venez, voyez le lieu où il était couché, et allez promptement dire à ses disciples qu'il est ressuscité des morts. Et voici, il vous précède en Galilée : c'est là que vous le verrez.

Les femmes s'éloignèrent promptement du sépulcre, avec crainte et avec une grande joie, et elles coururent porter la nouvelle aux disciples. Et voici, Jésus vint à leur rencontre, et dit : Je vous salue. Elles s'approchèrent pour saisir ses pieds, et elles se prosternèrent devant lui. Alors Jésus leur dit : Ne craignez pas ; allez dire à mes frères de se rendre en Galilée : c'est là qu'ils me verront.

Pendant qu'elles étaient en chemin, quelques hommes de la garde entrèrent dans la ville, et annoncèrent aux principaux sacrificateurs tout ce qui était arrivé. Ceux-ci, après s'être assemblés avec les anciens et avoir tenu conseil, donnèrent aux soldats une forte somme d'argent, en disant : Dites : Ses disciples sont venus de nuit le dérober, pendant que nous dormions. Et si le gouverneur l'apprend, nous l'apaiserons, et nous vous tirerons de peine. Les soldats prirent l'argent, et suivirent les instructions qui leur furent données. Et ce bruit s'est répandu parmi les juifs, jusqu'à ce jour.

Les onze disciples allèrent en Galilée, sur la montagne que Jésus leur avait désignée. Quand ils le virent, ils se prosternèrent devant lui. Mais quelques-uns eurent des doutes. Jésus, s'étant approché, leur parla ainsi : Tout pouvoir m'a été donné dans le ciel et sur la terre. Allez, faites de toutes les nations des disciples, les baptisant au nom du Père, du Fils et du Saint Esprit, et enseignez-leur à observer tout ce que je vous ai prescrit. Et voici, je suis avec vous tous les jours, jusqu'à la fin du monde.

Encouragez les enfants à répondre aux questions suivantes. Il n'y a pas de bonnes ou de mauvaises réponses. Ces questions aident les enfants à comprendre l'histoire et à l'appliquer à leurs vies.

1. Les pharisiens et les anciens ont-ils cru que Jésus ressusciterait réellement des morts ?

2. Pourquoi ont-ils demandé aux gardes de mentir ?

3. Pourquoi Joseph a-t-il offert son propre argent et son tombeau pour enterrer Jésus ? Est-ce que quelqu'un a jamais sacrifié quelque chose de grande valeur pour toi ?

4. Le passage de Matthieu 28.16-20 s'appelle habituellement la Grande Commission. Quelles sont quelques autres manières outre l'ordre donné par Jésus de faire des disciples dans toutes les nations ?

Dites, **Quelle est la meilleure nouvelle que vous n'ayez jamais entendue ?** La nouvelle que les disciples ont reçue le troisième jour après que Jésus soit mort était la meilleure nouvelle. Les disciples ont appris que Jésus est mort, et ensuite, ils ont appris qu'Il est vivant. La résurrection de Jésus place le christianisme au-dessus de toutes les autres religions. C'est la bonne nouvelle qui est encore prêchée aujourd'hui. L'ordre que Jésus a donné était d'aller et de faire des disciples dans le monde entier : pour les baptiser et pour les enseigner. Cet ordre est tout aussi bien pour nous. L'objectif est d'atteindre le monde entier avec le message de Jésus-Christ. Jésus a promis qu'Il serait toujours avec nous !

LE VERSET À RETENIR

Pratiquez le verset à retenir de l'étude. Vous trouverez des suggestions pour les activités des versets à retenir aux pages 137 et 138.

LES ACTIVITÉS SUPPLÉMENTAIRES

Choisissez parmi ces options pour améliorer l'étude biblique des enfants.

1. Dans tout le livre de Matthieu, Jésus a fait beaucoup de miracles. En tant que classe, énumérez certains de ces miracles. Utilisez les marqueurs ou les crayons pour dessiner des illustrations des miracles préférés de la classe.

2. Recherchez la signification du mot « disciple. » Comment Jésus a-t-il instruit ses disciples ? En tant que classe, discutez de quelle manière nous pouvons avoir la même relation avec les personnes qui sont dans nos vies.

QUESTIONS À CHOIX MULTIPLES POUR LE NIVEAU DE BASE

Pour préparer les enfants à ce concours, lisez Matthieu 27.57 – 28.20.

1 Qu'a fait Joseph du corps de Jésus ? (27.59-60)
1. Il l'a enveloppé dans un tissu propre.
2. Il l'a placé dans son nouveau tombeau.
3. **Les réponses ci-dessus sont correctes.**

2 Qu'a fait Joseph à l'entrée du tombeau ? (27.60)
1. **Il a roulé une grande pierre devant le tombeau.**
2. Il a déposé quelques fleurs sur le tombeau.
3. Il a écrit le nom de Jésus sur l'extérieur du tombeau.

3 Comment les grands prêtres et les pharisiens se sont-ils assuré que le tombeau était fermé ? (27.66)
1. Ils ont scellé la pierre.
2. Ils ont installé une garde.
3. **Les réponses ci-dessus sont correctes.**

4 Qui est allé au tombeau à l'aube, le premier jour de la semaine ? (28.1)
1. **Marie de Magdala et l'autre Marie**
2. Pierre et Jean
3. Pilate

5 Que s'est-il produit au tombeau ? (28.2)
1. Les disciples ont pris le corps de Jésus.
2. **Un ange est descendu du ciel et a roulé la pierre.**
3. Une forte pluie est tombée.

6 Qu'est-il arrivé aux gardes près du tombeau de Jésus quand ils ont vu l'ange ? (28.4)

1. Ils se sont prosternés devant l'ange.
2. **Ils avaient si peur qu'ils ont tremblé et sont devenus comme morts.**
3. Ils se sont fâchés.

7 Qui a rencontré les femmes lorsqu'elles ont quitté le tombeau ? (28.8-9)

1. **Jésus**
2. Plus d'anges
3. Pierre, Jacques et Jean

8 Qui a indiqué aux grands prêtres tout ce qui s'est produit au tombeau ? (28.11)

1. **Les gardes**
2. Les disciples
3. Les anges

9 Qu'ont fait les grands prêtres et les anciens quand les gardes leur ont appris que Jésus n'était plus dans le tombeau ? (28.12-15)

1. Ils ont trouvé Jésus dans la ville.
2. Ils ont projeté de tuer les disciples.
3. **Ils ont payé les gardes pour qu'ils témoignent que les disciples ont volé le corps de Jésus.**

10 Qu'ont fait les onze disciples quand ils sont allés en Galilée et qu'ils ont rencontré Jésus ? (28.16-17)

1. Ils ont fui, remplis de crainte.
2. **Ils l'ont adoré ; mais certains des disciples ont douté.**
3. Les réponses ci-dessus sont correctes.

QUESTIONS À CHOIX MULTIPLES POUR LE NIVEAU AVANCÉ

Pour préparer les enfants à ce concours, lisez Matthieu 27.57 – 28.20.

1 Qu'a fait Joseph d'Arimathée ? (27.57-58)

1. **Il a demandé à Pilate le corps de Jésus.**
2. Il a payé les grands prêtres parce qu'ils avaient en leur possession le corps de Jésus.
3. Il a recherché les 12 disciples.
4. Il a donné un énorme montant d'argent aux pauvres.

2 Après l'ensevelissement de Jésus, que craignaient les grands prêtres et les Pharisiens de la part des disciples ? (27.64)

1. Qu'ils ressuscitent Jésus des morts.
2. **Qu'ils volent le corps de Jésus.**
3. Qu'ils tuent le souverain sacrificateur.
4. Qu'ils s'enfuient et se cachent.

3 Combien de temps les gardes surveilleraient-elles le tombeau ? (27.64)

1. Pour un jour
2. Jusqu'au deuxième jour
3. **Jusqu'au troisième jour**
4. Pendant une année

4 Comment les fonctionnaires de Pilate ont-ils assuré la sécurité du tombeau ? (27.66)

1. Ils ont couvert l'ouverture de saleté.
2. Ils ont placé une serrure sur la porte.
3. **Ils ont placé un sceau sur la pierre et y ont établi une garde.**
4. Ils ont placé autour du tombeau les grands prêtres et les anciens.

5 Qui a roulé la pierre à l'entrée du tombeau de Jésus ? (28.2)

1. Les deux femmes
2. Pilate
3. Nicodème
4. **Un ange du Seigneur**

6 Qu'est-ce que l'ange a indiqué aux femmes au sujet de Jésus ? (28.5-7)

1. « Il est parti pour être avec le Père. »
2. « Il est au temple. »
3. « Il est avec les disciples. »
4. **« Il est ressuscité, juste comme Il l'avait prédit. »**

7 Qu'est-ce que l'ange a demandé aux femmes de dire aux disciples de Jésus ? (28.7)

1. **« Il est ressuscité des morts et vous devancera en Galilée. »**
2. « C'est fini. Jésus n'est pas ressuscité. »
3. « Allez, faites quelques disciples de toutes les nations. »
4. « Ne parlez à personne au sujet de Jésus. »

8 Qu'est-ce que les grands prêtres ont donné aux gardes afin qu'ils disent que les disciples de Jésus ont volé son corps ? (28.12-13)

1. **Une grande somme d'argent**
2. Une promotion militaire
3. Un régal
4. Un avertissement

9 Qu'est-ce que Jésus a dit qu'Il possédait ? (28.18)

1. une grande puissance
2. **Tout pouvoir dans le ciel et sur la terre**
3. La richesse du ciel
4. La vie éternelle

10 Dans la Grande Commission, qu'est-ce que Jésus ordonna à ses disciples de faire ? (28.19-20)

1. Faire les disciples de toutes les nations
2. Baptiser
3. Enseigner
4. **Toutes les réponses ci-dessus sont correctes.**

Les versets à retenir

Les versets suivants sont les versets à retenir pour chaque leçon. Vous pouvez copier cette page et la distribuer aux enfants afin qu'ils puissent l'étudier.

ÉTUDE 1
Elle enfantera un fils, et tu lui donneras le nom de Jésus, c'est lui qui sauvera son peuple de ses péchés. (Matthieu 1.21)

ÉTUDE 2
Jésus répondit : Il est écrit : L'homme ne vivra pas de pain seulement, mais de toute parole qui sort de la bouche de Dieu. (Matthieu 4.4)

ÉTUDE 3
Heureux les pauvres en esprit car le royaume des cieux est à eux ! Heureux les affligés, car ils seront consolés ! Heureux les débonnaires, car ils hériteront la terre ! Heureux ceux qui ont faim et soif de la justice car ils seront rassasiés ! (Matthieu 5.3-6)

ÉTUDE 4
Heureux les miséricordieux, car ils obtiendront miséricorde ! Heureux ceux qui ont le cœur pur, car ils verront Dieu ! Heureux ceux qui procurent la paix, car ils seront appelés fils de Dieu ! Heureux ceux qui sont persécutés pour la justice, car le royaume des cieux est à eux ! (Matthieu 5.7-10)

ÉTUDE 5
Heureux serez-vous, lorsqu'on vous outragera, qu'on vous persécutera et qu'on dira faussement de vous toute sorte de mal, à cause de moi. Réjouissez-vous et soyez dans l'allégresse, parce que votre récompense sera grande dans les cieux ; car c'est ainsi qu'on a persécuté les prophètes qui ont été avant vous. (Matthieu 5.11-12)

ÉTUDE 6
O Dieu ! tes voies sont saintes ; Quel dieu est grand comme Dieu ? Tu es le Dieu qui fait des prodiges ; Tu as manifesté parmi les peuples ta puissance. (Psaume 77.14-15)

ÉTUDE 7
Alors il dit à ses disciples : La moisson est grande mais il y a peu d'ouvriers. Priez donc le maître de la moisson d'envoyer des ouvriers dans sa moisson. (Matthieu 9.37-38)

ÉTUDE 8
Venez à moi, vous tous qui êtes fatigués et chargés, et je vous donnerai du repos. Prenez mon joug sur vous et recevez mes instructions. (Matthieu 11.28-29a)

ÉTUDE 9
Cherchez premièrement le royaume et la justice de Dieu ; et toutes ces choses vous seront données par-dessus. (Matthieu 6.33)

ÉTUDE 10
Remets ton sort à l'Éternel, et il te soutiendra, Il ne laissera jamais chanceler le juste. (Psaume 55.23)

ÉTUDE 11
Simon Pierre répondit : Tu es le Christ, le Fils du Dieu vivant. (Matthieu 16.16)

ÉTUDE 12
Et Jésus dit : Laissez les petits enfants, et ne les empêchez pas de venir à moi ; car le royaume des cieux est pour ceux qui leur ressemblent. (Matthieu 19.14)

ÉTUDE 13
Jésus lui répondit : Tu aimeras le Seigneur, ton Dieu, de tout ton cœur, de toute ton âme, et de toute ta pensée. C'est le premier et le plus grand commandement. Et voici le second, qui lui est semblable : Tu aimeras ton prochain comme toi-même. (Matthieu 22.37-39)

ÉTUDE 14
Et, parce que l'iniquité se sera accrue, la charité du plus grand nombre se refroidira. Mais celui qui persévérera jusqu'à la fin sera sauvé. (Matthieu 24.12-13)

ÉTUDE 15
En lui nous avons la rédemption par son sang, la rémission des péchés, selon la richesse de sa grâce. (Éphésiens 1.7)

ÉTUDE 16
Puis, ayant fait quelques pas en avant, il se jeta sur sa face, et pria ainsi : Mon Père, s'il est possible, que cette coupe s'éloigne de moi ! Toutefois, non pas ce que je veux, mais ce que tu veux. (Matthieu 26.39)

ÉTUDE 17
Alors Jésus dit à ses disciples : Si quelqu'un veut venir après moi, qu'il renonce à lui-même, qu'il se charge de sa croix, et qu'il me suive. (Matthieu 16.24)

ÉTUDE 18
Que ferai-je donc de Jésus, qu'on appelle Christ ? (Matthieu 27.22a)

ÉTUDE 19
Car Dieu a tant aimé le monde qu'il a donné son Fils unique, afin que quiconque croit en lui ne périsse point, mais qu'il ait la vie éternelle. (Jean 3.16)

ÉTUDE 20
Allez, faites de toutes les nations des disciples, les baptisant au nom du Père, du Fils et du Saint Esprit, et enseignez-leur à observer tout ce que je vous ai prescrit. Et voici, je suis avec vous tous les jours, jusqu'à la fin du monde. (Matthieu 28.19-20)

Les activités pour les versets à retenir

PASSEZ LA BIBLE

Vous aurez besoin d'une Bible et une source de musique pour cette activité. Demandez aux enfants de s'asseoir en cercle. Donnez la Bible à un enfant. Expliquez qu'ils doivent faire circuler la Bible dans le cercle lorsque la musique joue. Quand la musique s'arrête, celui qui tient la Bible dit Le verset à retenir. Avec délicatesse, faites arrêter la musique afin que chaque enfant ait l'opportunité de réciter le verset.

FAIRE ÉCLATER LES BALLONS

Vous aurez besoin des ballons, un feutre indélébile, et du scotch. Gonflez les ballons et écrivez un mot du verset sur chaque ballon. Affichez les ballons au mur dans le bon ordre. Laissez les enfants lire le verset ensemble. Choisissez un enfant pour faire éclater un ballon. Demandez aux enfants de réciter le verset de nouveau, tout en se rappelant le mot manquant. Choisissez un autre enfant pour faire éclater un ballon. Demandez aux enfants de réciter le verset de nouveau. Continuez jusqu'au moment où tous les ballons soient éclatés et les enfants peuvent réciter le verset par cœur.

S'AMUSER AVEC LE VERSET BIBLIQUE

Écrivez chaque mot ou phrase d'un verset biblique sur une fiche de papier. Faites deux séries, une pour chaque équipe. Divisez la classe en deux équipes. Mettez une série de fiches par terre devant chaque équipe. Mélangez l'ordre des fiches. Au signal, le premier enfant de chaque équipe cherche le premier mot du verset et l'apporte à la ligne d'arrivée. Il le place par terre et cours vers le deuxième joueur. Celui-ci cherche le deuxième mot du verset et l'apporte à la ligne d'arrivée. Continuez ainsi jusqu'au moment ou une équipe complète le verset dans le bon ordre. Laissez la deuxième équipe compléter leur verset. À la fin, demandez aux deux équipes de réciter le verset ensemble.

SE METTRE EN RANG AVEC LE VERSET BIBLIQUE

Écrivez chaque mot ou phrase d'un verset biblique sur une fiche de papier. Donnez une fiche à chaque enfant. Demandez qu'ils se déplacent aux coins diverses de la salle et montrent leurs fiches. Choisissez un autre enfant pour mettre en rang les enfants qui ont des fiches, dans le bon ordre du verset. Ensuite demandez qu'ils lisent ensemble le verset.

LE JEU DE MÉMOIRE AUX SMILEYS

Écrivez chaque mot ou phrase d'un verset biblique sur une assiette en papier ou un morceau de papier rond. Distribuez les assiettes aux enfants, et demandez qu'ils dessinent un smiley sur la coté blanche. Affichez les assiettes au mur afin que les enfants puissent voir les mots du verset. Lisez-le ensemble. Choisissez un enfant à retourner une assiette pour montrer le smiley. Puis lisez encore le verset. Choisissez un autre enfant à retourner une autre assiette, et récitez le verset de nouveau. Continuez jusqu'au moment où il n'y a plus de simleys et les enfants peuvent réciter le verset par cœur.

LA RÉVISION À LA TOILE D'ARAIGNÉE

Vous aurez besoin d'une pelote de laine. Demandez aux enfants de former un cercle. Lancez la pelote de laine à un enfant et demandez-lui de dire le premier mot du verset. Celui-ci s'enroulera l'index de la laine et lancera la pelote de laine à un autre enfant à l'autre côté du cercle. Ce deuxième enfant dira le deuxième mot du verset et s'enroulera l'index de la laine. Continuez de jouer et de dire tous les mots du verset jusqu'au moment où tout enfant a eu un tour. Le va-et-vient de la laine produira une toile d'araignée.

LE VERSET SE METTANT DEBOUT

Demandez aux enfants de former un cercle et de s'asseoir par terre. Dites au premier de se tenir debout et de dire le premier mot du verset, et ensuite de se rasseoir. Le deuxième enfant se tient debout et dit le deuxième mot, et puis se rassoit. Continuez jusqu'au moment où les enfants complètent le verset. Encouragez les enfants de jouer de nouveau, mais de le faire plus vite. Laissez les enfants voir avec quelle vitesse ils peuvent réciter le verset.

REMETTRE DE L'ORDRE DANS LE VERSET BIBLIQUE

Écrivez chaque mot ou phrase d'un verset biblique sur des fiches de papier. Distribuez les fiches dans le mauvais ordre. Laissez les enfants s'arranger dans le bon ordre selon la partie du verset qu'ils ont reçus. Demandez aux enfants de réciter le verset ensemble. Ensuite demandez à un enfant de retourner sa fiche, afin que les autres enfants ne puissent pas voir le mot. Demandez aux enfants de réciter le verset de nouveau. Continuez ainsi jusqu'au moment où toutes les fiches sont retournées et que les mots ne soient plus visibles.

Le défi du décodage

LE CONCOURS BIBLIQUE – OUVERT, ILLIMITÉ ET COMPRIS

En l'année scolaire 2008-2009, le projet de l'offrande missionnaire des Enfants atteignant les enfants s'appelait le Défi du décodage. L'épreuve était de récolter de l'argent pour traduire, produire et distribuer le matériel du concours biblique pour enfants. Les enfants, les districts et les églises autour du monde se sont joints à l'effort et ont récolté presque $310.000 USD pour le Défi du décodage. La plus grande partie, 70% ($216.000 USD), était destinée pour mettre l'accent pour la traduction. Le livre que vous tenez dans vos mains, produit au début en anglais par la Maison des Publications Nazaréennes, a été traduit dans les langues suivantes : l'anglais mondial, le français, le coréen, le portugais et l'espagnol. Ce projet a été réalisé grâce aux efforts des personnels des Ministères auprès des enfants internationaux, des publications nazaréennes mondiales, et une équipe de traducteurs extraordinaires.

LES ENFANTS ATTEIGNANT LES ENFANTS

Le projet de l'offrande missionnaire des Enfants atteignant les enfants est une épreuve annuelle avec le but de récolter de l'argent pour des diverses ministères et missions holistiques auprès des enfants partout dans le monde. Les Enfants atteignant les enfants encouragent les enfants, les églises, les districts et les régions mondiales à récolter de l'argent pour pourvoir aux besoins spirituels, éducationnels, physiques et sociaux des enfants dans toute région mondiale. Pour plus d'informations sur Les Enfants atteignant les enfants, visitez *www.kidsreachingkids.com* (disponible en anglais seulement).

REGISTRE DE PRÉSENCE

Ecrivez les noms des enfants dans les boites ci-dessous. Marquez un 'X' dans la boite de chaque leçon où l'enfant est présent. Vous pouvez copier cette page s'il vous faut encore de boites.

NOM	1	2	3	4	5	6	7	8	9	10	11	12	13	14	15	16	17	18	19	20

FEUILLE DE POINTAGE

Instructions:
pour les questions 1 à 15. Le niveau supérieur se sert des questions 1 à 20. Voir *Les règles et procédés officiels de concours de quiz biblique pour enfants* pour plus de détails.

Nom de l'église/équipe: _____

Noms:	1° TOUR	1	2	3	4	5	6	7	8	9	10	11	12	13	14	15	16	17	18	19	20	Somme
	BONUS																				TOTAL	

Noms:	2° TOUR	1	2	3	4	5	6	7	8	9	10	11	12	13	14	15	16	17	18	19	20	Somme
	BONUS																				TOTAL	

Noms:	3° TOUR	1	2	3	4	5	6	7	8	9	10	11	12	13	14	15	16	17	18	19	20	Somme
	BONUS																				TOTAL	

table de matières

Bienvenue 3
Les règles et procédés officiels des concours bibliques pour enfants 7
Étude 1 15
Étude 2 21
Étude 3 27
Étude 4 33
Étude 5 39
Étude 6 45
Étude 7 51
Étude 8 57
Étude 9 63
Étude 10 69
Étude 11 75
Étude 12 81
Étude 13 87
Étude 14 93
Étude 15 99
Étude 16 105
Étude 17 111
Étude 18 117
Étude 19 123
Étude 20 129
Les versets à retenir 135
Les activitaés pour les versets à retenir 137
Le défi du décodage 139
Registre de présence 140
Feuille de pointage 141

www.ingramcontent.com/pod-product-compliance
Lightning Source LLC
Chambersburg PA
CBHW081346040426
42450CB00015B/3325